AF452103

MEMOIRE
DES
PRINCES DU SANG,

POUR REPONDRE AU MEMOIRE INSTRUCTIF des Princes légitimez, du 15. Novembre 1716; & à celui du 9. Decembre suivant.

LES Princes du Sang présenterent au Roy, le 22. Aoust 1716. une Requête qu'ils avoient signée, demandant, qu'il plût à Sa Majesté révoquer dans son Lit de Justice, l'Edit du mois de Juillet 1714. & la Déclaration de 1715. par lesquels le feu Roy declare M. le Duc du Maine, M. le Comte de Toulouse, & leurs Descendans mâles en légitime mariage, habiles à succeder à la Couronne, & leur donne le titre de Princes du Sang.

Cette Requête ayant été communiquée aux Princes légitimez, par M. le Duc d'Orleans Regent du Royaume, ils obtinrent pour se défendre, un délai qu'ils ont étendu fort loin. Cependant il paroissoit en leur faveur differens Ecrits [A], dont la plus grande partie a été distribuée par leurs ordres. Lorsque l'on attendoit une Réponse juridique, les Princes légitimez se sont contentez de répandre dans tout le Royaume un Memoire [B], où ils s'addressent, non aux Princes qui ont signé la Requête, mais à celui qu'ils supposent en être l'Auteur; & quoiqu'ils tâchent d'y persuader au Public *qu'ils se croiroient peu dignes d'être associez aux Princes du Sang, s'ils ne faisoient tous leurs efforts pour soûtenir leurs droits,* ils ont néanmoins déclaré en particulier à M. le Regent, qu'ils ne présenteroient pas de Requête signée.

Par un autre Memoire [C] ils soûtiennent, *qu'il n'y a aucun Tribunal qui ait l'autorité de décider cette affaire.* Ils vont plus loin, & sous prétexte de rappeller leurs raisons, ils pretendent, que *tout ce que l'Edit de 1714. a ordonné à leur égard, n'est qu'en consequence du droit que le feu Roy a reconnu en eux de succeder à la Couronne.* Ainsi les Princes légitimez, sans rien negliger de leurs défenses, cherchent à se conserver la liberté d'avoüer ou de désavoüer leurs

A

A Reflexions sur la pretention de MM. les Duc de Bourbon, Comte de Chatollois, & Prince de Conty, contre MM. les Duc du Maine, & Comte de Toulouse.

Examen de la pretendüe Loy fondamentale de l'Etat, qui exclut les Princes légitimez de la succession à la Couronne.

Lettre de M. . . . . à un homme de qualité, qui lui a demandé son sentiment sur la Lettre d'un Espagnol à un François, sur les Réponses qu'on y a faites, & sur la Requeste des Princes.

Réponse d'un Solitaire à une Lettre qu'un de ses parens lui avoit écrite sur l'affaire des Princes du Sang, dont il lui demandoit son sentiment.

B Premier Memoire instructif du 15. Novembre 1716.

C Second Memoire du 9. Decembre 1716.

Nota. Il a paru depuis le second Memoire des Princes légitimez, une seconde Lettre de M..... à un homme de qualité, & une Apologie de l'Edit de 1714. & de la Declaration de 1715 Les Auteurs de ces deux Ecrits ne se sont pas bien concertez, ils se contrarient dans leurs preuves, & dans leurs raisonnemens.

Memoires, suivant leurs interêts, ou les conjonctures des temps, & de prétendre qu'ils n'ont été ni oüis ni défendus.

La conduite des Princes du Sang sera plus simple, & conforme aux sentimens de grandeur que la naissance leur inspire. Ils ont signé leur Requeste : ils avoüent ce Memoire, qui en contient les preuves : ils n'en adoptent aucun autre : & s'adressant à M. le Duc du Maine & à M. le Comte de Toulouse, ils défendront contr'eux les interests de la Nation, les loix du Royaume, & l'honneur de leur Maison, *seuls motifs de l'éclat qu'ils ont fait* contre les Princes légitimez.

Ils vont donc prouver cinq Propositions.

La premiere : *Que les Princes du Sang ont interest de demander la révocation de l'Edit de 1714. & de la Declaration de 1715.*

La seconde : *Que le feu Roy n'a pû disposer de la Couronne, ni donner le titre de Prince du Sang.*

La troisiéme : *Que les Enfans naturels des Rois, même légitimez, n'ont pas le droit de succeder à la Couronne.*

La quatriéme : *Que les exemples alleguez par les Légitimez, ou ne sont pas citez fidélement, ou n'ont aucune application favorable à leurs prétentions.*

La cinquiéme : *Que le Roy peut revoquer cet Edit & cette Declaration dans son Lit de Justice, ou par un Edit.*

PREMIERE PROPOSITION.

Que les Princes du Sang ont interest de demander la révocation de l'Edit de 1714. & de la Déclaration de 1715.

Avant de prouver que les Princes du Sang ont interest de demander la révocation de l'Edit de 1714. & de la Declaration de 1715. il est necessaire de rappeller la conduite que les Princes légitimez ont tenuë, pour se procurer des distinctions & des honneurs qui les ont mis au dessus de tous les Grands du Royaume.

Aprés leur légitimation ils eurent les distinctions de la Cour. Profitant de la tendresse que le feu Roy avoit pour eux, ils y obtinrent le rang aprés les Princes du Sang. Dans la suite, se croyant assez assurez de ses sentimens, ils luy demanderent ce même rang au Parlement. Le Roy, flatté de tout ce qui élevoit les Princes légitimez, leur en accorda des Lettres en 1694. persuadé alors, que c'étoit le plus grand honneur qu'il pouvoit leur faire. Il manda M. de Harlay Premier President, auquel il dit : *Qu'en leur accordant ces Lettres, il vouloit en même temps conserver aux Princes du Sang, tous les honneurs qui leur étoient dûs, & qu'il y eût toûjours une distinction convenable entr'eux, & les Princes légitimez.* Mais le temps & les soins des Princes légitimez, effacerent ces idées de la mémoire du feu Roy.

Le Reglement de 1711. pour les Duchez Pairies, fournit aux Princes légitimez une nouvelle occasion de se procurer deux avantages considerables. Ils obtinrent par cet Edit, qu'*Eux & leurs Enfans & descendans mâles, qui possederoient des Pairies, representeroient les anciens Pairs aux Sacres des Rois, au défaut des Princes du Sang, & qu'ils pourroient donner à chacun de leurs Enfans mâles un Duché Pairie, pour en joüir du vivant de leur Pere.*

Tant de diſtinctions ſi nouvelles, ſi extraordinaires, n'ont pû remplir leurs deſirs ; ils les ont pouſſez juſqu'au Thrône, & faiſant ſervir ces premieres graces, de degrez pour y monter, ils obtinrent l'Edit de 1714. & la Déclaration de 1715. qui les rendent égaux en tout aux Princes du Sang, non-ſeulement pour les honneurs, mais pour le droit de ſucceder à la Couronne, & pour la qualité de Princes du Sang, qui en eſt inſéparable.

Ces progrés de l'agrandiſſement des Princes légitimez, font bien diſtinguer ce qui leur appartient légitimement, d'avec ce qu'ils veulent uſurper. Leur légitimation les a rendus capables de recevoir des Graces, Charges, Gouvernemens, Donations, &c. les Princes du Sang ne les leur envient pas.

Mais une égalité, une concurrence de droits, de rangs, de titres, pourroient-elles ne pas bleſſer les Princes du Sang, & verroient-ils avec indifference des Enfans naturels prendre la qualité de leurs *aſſociez*, de *cadets* de leur Maiſon, & introduire la diſtinction de Princes du Sang par naiſſance & Princes du Sang par Lettres, inoüie juſqu'à nôtre temps ?

En communiquant ces titres par des Lettres, on les multiplie à l'infini ; car quelle multiplicité pour l'avenir, de Princes légitimez, capables de ſucceder à la Couronne avec le titre de Princes du Sang, ſi l'exemple donné par le feu Roy n'eſt arrêté dans ſa naiſſance ?

Que n'ont point à craindre les Princes du Sang, ſi on laiſſe aux Rois le droit d'appeller a la Couronne leurs Enfans naturels ? Dés que cette capacité ſeroit donnée aux Princes légitimez, le droit de ſucceſſion en ligne directe au défaut des enfans légitimes, ne coûteroit plus rien. Le premier pas & le plus difficile (s'il étoit poſſible) ſeroit fait par l'Edit de 1714. qui a declaré les légitimez, Princes du Sang, & capables de ſucceder à la Couronne. Le ſecond ne demanderoit plus dans un autre Roy, que le même penchant pour ſes Enfans naturels, & la même autorité. Si leur tendreſſe devenoit la meſure de leur droit, les Rois ne pourroient ſe perſuader que leurs Enfans naturels puſſent être Princes du Sang, & n'être pas en même temps capables de leur ſucceder immediatement.

Ne ſeroit-il pas plus facile aux Rois de donner à leurs Enfans légitimez (lorſqu'ils auroient été reconnus Princes du Sang) un degré de plus, pour les faire ſucceder à la Couronne en ligne directe, qu'il ne l'auroit été au feu Roy, de donner aux ſiens la capacité d'y parvenir aprés tous les Princes du Sang : il y a beaucoup plus de diſtance de la qualité d'Enfant naturel, à celle de Prince du Sang, que de la qualité de Prince du Sang, à celle de Fils de France : le Prince du Sang & le Fils de France ont par leur naiſſance un droit égal au Trône, il n'y a que le rang pour y parvenir, qui mette entr'eux de la difference ; & le Fils naturel eſt exclus de la Couronne par le vice de ſa naiſſance.

Les Princes légitimez juſtifient eux-mêmes les craintes des Princes du Sang. D'abord aſſez modeſtes pour ſe contenter de la ſeconde place, ils ont enſuite entrepris de prouver par des exemples, que *dans la premiere Race des Rois, les Bâtards ont ſuccedé à la Couronne avec les enfans legitimes ; que dans la ſeconde Race ils n'ont ſuccedé qu'au défaut des enfans legitimes ; que ce droit ne leur a pas été ôté dans la troiſiéme ;* & enfin ſe flattant d'avoir accoûtumé la Nation à les regarder comme des succeſſeurs à la Couronne, ils soûtiennent que *tout ce que le feu Roy a ordonné à leur égard, n'eſt qu'en conſequence du droit que ce Prince a reconnu en eux pour la ſucceſſion à la Couronne.*

Les Princes légitimez ſont donc parvenus, ſuivant leurs principes, au droit de la ſucceſſion directe du feu Roy ; ils ſont donc Fils de France, puiſque, ſelon eux, nulle loy ne leur a ôté le droit de ſucceder au défaut des Enfans légitimes. Les Princes du Sang ne tiendront donc plus le droit de ſucceder à la Couronne, à l'excluſion des Princes légitimez, que de la volonté ou de la moderation de ces Princes mêmes, ou de leurs deſcendans.

Si M. le Duc du Maine, M. le Comte de Toulouſe, ou leur poſterité entreprenoit un jour de faire valoir ce droit une fois établi & reconnu, des conjonctures favorables, une autorité bien ménagée, la grande jeuneſſe des Princes du Sang, dont on a déja profité pour le premier pas, une entrepriſe bien concertée & bien conduite, ne pourroient-elles pas faire perdre la Couronne aux deſcendans des Princes du Sang ?

Ces craintes ne ſont pas vaines & ſans fondement ; un François déguiſé ſous le nom d'un Eſpagnol, n'a-t-il pas oſé ſe plaindre de ce que *l'on n'a pas de compaſſion pour les Princes légitimez ? Il veut que l'on admire leur moderation, de ce qu'ils ſe contentent d'être après tous les Princes du Sang dans l'ordre de la ſucceſſion, lorſqu'ils devroient être les premiers, & qu'ils ſont les aînez.* Les Princes légitimez même le laiſſent aſſez entendre en diſant, que *tout ce que le feu Roy a ordonné à leur égard, n'eſt qu'en conſequence du droit qu'il a reconnu en eux.* Ce droit ne peut être fondé que ſur leur naiſſance ; il emporte donc celui de la ſucceſſion en ligne directe ; car dans quelle autre ligne les enfans peuvent-ils être placez ?

Cette prétention eſt ſi importante par ſes conſequences, que quand les Princes légitimez voudroient à preſent en diminuer l'étenduë, en conſentant de ſe renfermer dans l'execution de l'Edit de 1714. leur declaration ſeroit inutile, & laiſſeroit dans toute ſa force le droit de leurs ſucceſſeurs, s'il étoit vrai qu'il fût tel que les Princes legitimez le prétendent aujourd'hui.

En effet, ſuivant ces maximes, les Princes légitimez tireroient leur droit, de leur origine du feu Roy. Les Princes du Sang ont à la verité une tige commune avec Louis XIV. mais ils n'en deſcendent pas ; donc, ſuivant ces principes, les deſcendans légitimes du feu Roy venant à manquer, la Couronne devroit appartenir aux Princes légitimez, comme ſes Fils.

Les exemples du paſſé, ceux mêmes que citent les Princes légitimez, ſont des inſtructions pour l'avenir.

Bernard Roy d'Italie, bâtard de Pepin, ſe révolta contre Louis le Débonnaire, ſous le prétexte qu'il deſcendoit de Pepin fils aîné de Charlemagne. Il fut forcé enſuite de ſe ſoumettre ; mais ſi ſon entrepriſe eût été mieux concertée, le Bâtard déthrônoit le Fils légitime.

Le Comte de Mante, fils de Philippe I. & de Bertrade, que les Princes légitimez mettent au nombre des bâtards, ſe ſouleva contre Louis le Gros, qui eut beſoin de toutes ſes forces pour le réduire.

Laiſſer aux Princes légitimez le droit de ſucceder à la Couronne, ne ſeroit-ce pas préparer aux Regnes à venir, des Bernards, & des Comtes de Mante ?

En

Second Memoire des Princes légitimez.

On cite la Lettre de l'Eſpagnol, quoiqu'elle ne ſoit pas avoüée ; les Memoires de M. le Duc du Maine ſuivans les mêmes principes.

Second Memoire des Princes légitimez.

En 1583. le Sénat de Savoye pensa sur le sujet des Enfans naturels, comme les Princes du Sang font aujourd'huy. Le Duc Charles Emmanuel luy ayant envoyé des Lettres Patentes, par lesquelles il *déclaroit le Comte de Raconis & sa postérité masculine, Prince du Sang & successible à la Couronne, après l'extinction de la branche de Nemours;* le Sénat en refusa l'enterinement. Il est bon de rapporter ses motifs.

Le premier étoit, que *cette branche de Raconis qui portoit le nom de Savoye, n'en descendoit toutefois qu'en ligne oblique, par le moyen de Loüis bâtard d'Achaye, Seigneur de Raconis.*

L'autre, qu'*en déclarant le Comte de Raconis, Prince du Sang, on devoit appréhender que ceux de cette branche, comme issus des Princes d'Achaye aînez de la Maison de Savoye, ne prétendissent la Couronne, à l'exclusion même du Duc de Savoye & des Ducs de Nemours, sur le fondement que le défaut de leur naissance se trouveroit couvert par les Patentes.* Ces raisons parurent solides, & le Duc de Savoye révoqua les Lettres.

Histoire genealogique de la Royale Maison de Savoye, par Guichenon.

Les Princes légitimez soûtiennent, que *le droit de succeder à la Couronne, qui leur est accordé aprés l'extinction de toute la Maison Royale, n'interesse pas les Princes du Sang, puisqu'ils n'existeront plus dans le temps que les Légitimez & leurs descendans y sont appellez.*

Ne peut-il pas arriver qu'un Prince du Sang soit appellé à la Couronne dans le tems de sa minorité, & qu'alors, ou il n'y ait point d'autres Princes du Sang, ou que tous les autres soient mineurs eux-mêmes? Dans des circonstances aussi favorables, les Princes légitimez ne manqueroient pas de demander la Regence; on laisse à juger quels en seroient les inconveniens: les prétentions que forma M. le Duc du Maine à la mort du Roy, n'avertissent que trop de ce qu'on doit craindre.

D'ailleurs les Princes légitimez comptent-ils pour rien l'avantage de s'introduire dés à present dans la Maison Royale, pour partager avec les Princes du Sang l'honneur & le droit de succeder au Thrône?

Que chacun consulte ce qu'un droit légitime, ce qu'un interêt naturel inspire à tous les hommes; en est-il d'assez tranquilles & d'assez indifferens pour souffrir le partage d'un titre, d'un rang, d'une distinction qui leur appartient singulierement? Les droits de la naissance, les titres affectez aux familles, le nom, les armes, les prérogatives du Sang sont (dit un Auteur) des biens qui nous sont propres, & qui nous sont personnels; nous avons un égal interêt de n'en être pas dépoüillez, & d'en exclure tous ceux qui n'y sont pas appellez par l'ordre de la nature & de la loy.

Tiraqueau, de Nobilitate, chap. 6. n. 14.

La Couronne est, suivant l'expression des Auteurs François, le patrimoine de tous les Princes du Sang: si elle est placée sur la tête d'un seul, qui est en même tems le Chef de leur Maison, & leur Roy, ils n'en sont pas moins tous proprietaires solidairement; & le Prince qui regne, n'est que l'administrateur & l'œconome de la Couronne. De là naît le droit naturel des Princes du Sang, de s'opposer à tous ceux qui veulent sans titre légitime, entrer en participation de cette proprieté & de ce patrimoine.

Enfin la Maison de France, si distinguée par sa durée & par sa grandeur, ne perdroit-elle rien de son lustre & du respect des Nations pour elle, lorsqu'elle compteroit des enfans naturels au nombre de ses Princes?

B

Il est inutile de dire que *les distinctions accordées par l'Edit & la Déclaration, ne sont données aux Princes légitimez, qu'aprés les Princes du Sang ;* car outre qu'ils sont rendus égaux en tout, & qu'ils se trouvent placez sur la même ligne, avec le seul titre de Princes du Sang pour tous, ces distinctions vont jusqu'à dégrader les Princesses du Sang Royal. Les Princes légitimez & leurs enfans, appellez à la Couronne, & qualifiez Princes du Sang par l'Edit & la Déclaration, ont pris le rang aux yeux de toute la France & des Etrangers, au dessus & avant les Princesses du Sang, & ont signé avant elles, sur le seul fondement, qu'ils sont habiles à succeder à la Couronne.

Les descendans des Princes légitimez auroient à l'infini ce même avantage, & ce qui seroit renfermé aujourd'huy dans quatre personnes, s'étendroit avec le tems à tant de Fils naturels, & de leurs descendans, & à leurs femmes de quelque naissance qu'elles fussent, qu'il seroit honteux pour les Princesses du Sang de prendre un rang si inferieur à celui que leur naissance leur donne.

Mais quand on pourroit oublier pour un moment, l'interêt sensible & personnel des Princes du Sang, le droit de succession à la Couronne donné par le feu Roy aux Princes légitimez, est si contraire aux loix de l'Etat & aux interêts de la Nation, que l'action pour le faire revoquer, peut être regardée comme une action de droit public, qui est dans la personne de chacun des François. Tous les Sujets du Roy ne peuvent-ils pas demander la révocation d'une Loy qui blesse la Nation, en luy ôtant la liberté de se choisir un Souverain lors de l'extinction de toute la Maison Royale ? La voix publique peut-elle se faire entendre plus dignement, que par celle des Princes du Sang ? Et ces Princes élevez au-dessus de toute la Nation par le choix de la Nation même, qui a deferé à leur Maison l'honneur de regner sur elle, ne sont-ils pas obligez par leur naissance & par la reconnoissance qu'ils lui doivent, de soûtenir ses droits ?

N'en doutons pas. Dans les siécles à venir, les Princes légitimez tireroient avantage du silence de la Nation, & elle-même auroit un juste sujet de se plaindre des Princes du Sang, & d'imputer à leur memoire d'avoir abandonné ses interêts les plus chers. Les Princes du Sang qui sont *une portion du Roy* (suivant l'expression des Auteurs) sont étroitement attachez à l'Etat ; ils doivent comme médiateurs, porter jusqu'aux pieds du Trône les droits & les plaintes de la Nation, à qui ils sont obligez de sacrifier leur repos, leurs soins, & leur vie même.

Cette voix des Princes du Sang doit donc suffire, pour exciter celle de Messieurs les Gens du Roy, ausquels nos maximes ont sagement remis les actions publiques ; la voix de la Nation sera écoutée par leur Ministere, sur les plaintes des Princes du Sang.

Que les Princes légitimez ne se flattent pas de l'avoir étouffée, en publiant que par l'Edit de 1714, ils ne sont que des successeurs désignez, sans que les suffrages de la Nation soient gênez pour se choisir un Roy. Tant que la Nation les verra saisis du titre & des honneurs de Princes du Sang, comme successeurs nécessaires à la Couronne, elle aura lieu de se plaindre qu'ils usurpent ce qu'elle ne leur donne pas, & ce qu'elle seule peut donner. Mais si l'Edit n'est qu'un vœu du feu Roy, qu'une simple déſignation qui ne gêne point les ſuffrages , pourquoi prétendent-ils que le droit de ſucceder eſt attaché à leur naiſſance ? pourquoi cherchent ils avec tant de travail, des exemples qui puiſſent le prouver ? pourquoi l'Edit porte-t·il en termes exprés , que *les Princes de la Maiſon de Bourbon venant à manquer, la Couronne ſera devoluë & déferée de plein droit aux Princes légitimez excluſivement à tous autres* ?

Mais ſuppoſons que cette prétenduë dévolution de plein droit, cette excluſion abſoluë de tout autre ſucceſſeur à la Couronne, ſoit autoriſée par une longue poſſeſſion , & juſqu'au moment de l'extinction entiere de la Maiſon Royale, y a-t-il quelqu'un qui puiſſe s'imaginer, qu'alors les Princes légitimez ne feront uſage de la diſpoſition de l'Edit, que comme d'un deſir du feu Roy, qui ne gêne point les ſuffrages de la Nation ? Ils font déja trop valoir contre elle, un ſilence involontaire de quelques mois , pour faire croire qu'ils ſoient diſpoſez à négliger un jour, le titre d'une poſſeſſion paiſible d'un grand nombre d'années.

Finiſſons cette premiere partie, par une réflexion ſur les ſuites funeſtes qu'entraîneroit l'établiſſement de ce nouvel ordre de ſucceſſion, dont les regles ont été inconnuës juſqu'à preſent.

Si à l'exemple de Louis XIV, un autre Roy appelloit ſes Enfans naturels à la ſucceſſion de la Couronne, & que la Maiſon Royale vint à manquer, auſquels Enfans naturels des deux Rois la Couronne ſeroit·elle dévoluë ?

Ceux qui auroient été appellez par un des Succeſſeurs de Louis XIV, ne manqueroient pas d'alleguer leur deſcendance moins éloignée ; ils s'autoriſeroient même de l'exemple de Meſſieurs les Duc du Maine & Comte de Touloufe, auſquels, ſur ce fondement, Louis XIV. donna le rang au Parlement avant Meſſieurs de Vendoſme.

Meſſieurs les Duc du Maine & Comte de Touloufe, ou leurs deſcendans ſoûtiendroient, que ce ne ſeroit pas le cas d'un droit de ſucceſſion ordinaire, mais l'effet d'un titre particulier, qui les auroit appellez les premiers à la Couronne, aprés les Princes du Sang, & qu'ils devroient en joüir les premiers.

En effet l'Edit de 1714. porte préciſément, qu'*au défaut des Princes légitimes de la Maiſon de Bourbon, la Couronne appartiendra de plein droit, & à l'excluſion de tous autres , à M. le Duc du Maine & à ſes deſcendans, & à leur défaut, à M. le Comte de Touloufe ou à ſes deſcendans.*

Alors quelle confuſion dans l'Etat ? Deux Partis déchireroient la Monarchie, & le ſort des armes en décideroit. Ces deux Partis ne pourroient vraiſemblablement empêcher qu'il ne s'en elevât un troiſiéme, & qu'une partie de la Nation que les Princes légitimez avoüent n'être point liée , ne reclamât ſes droits, & n'entreprît de ſe donner elle-même un Roy. Ainſi le fruit de la diſpoſition de l'Edit de 1714, ſeroit d'avoir dégradé les Princes du Sang & leur Maiſon, d'avoir mis en péril les droits de leurs deſcendans, d'avoir dépoüillé la Nation de ſes droits les plus légitimes, & de l'avoir livrée aux diviſions, aux guerres & aux malheurs qui en ſont les ſuites.

SECONDE PROPOSITION.

Que le feu Roy n'a pû difpofer de la Couronne, ni donner le titre de Prince du Sang.

Perfonne n'ignore que la Loy du Royaume appelle à la Couronne felon l'ordre de la ligne, tous les mâles du Sang Royal nez en légitime mariage, & que celui d'entr'eux qui à la mort du Roy fe trouve fon plus proche parent luy fuccede, *jure fanguinis & fuitatis.* Il eft fon fuccefleur, mais il n'eft pas fon heritier, parce que la fucceflion à la Couronne renferme une fubftitution légale & perpetuelle en faveur des defcendans des Rois.

Cette Loy eft fondée en partie, fur ce que le Roy n'eft que l'adminiftrateur & l'ufufruitier de la Couronne, pour en faire les fruits fiens : car s'il en avoit la proprieté, on n'auroit pû le renfermer dans une voye unique de fe donner des Succefleurs.

Le caractere effentiel de la Couronne de France, dit le célebre Jerôme Bignon Avocat General, *eft cette tranfmiffion de la Couronne dans le canal du Sang Royal, & eft un Arrét du Ciel au-deffus de toutes les Puiffances de la terre.* Il ajoûte, que *nôtre Loy eft d'autant plus excellente, que nous n'en connoiffons pas l'origine ; que ce n'eft pas une Loy écrite, mais née avec nous ; que nous n'avons pas inventée, mais l'avons puifee de la nature méme, qui nous l'a ainfi apprife, & donné cet inftinct.*

A proprement parler, dit Juvenal des Urfins au fujet du Traité de Troyes, *le Roy n'a à la Couronne feulement qu'une maniere d'adminiftration & ufage, pour en joüir fa vie durant tant feulement.*

Et dans un difcours qu'il adrefla au Roy Charles VII. où il examine s'il vaut mieux continuer la guerre que de faire la paix avec une Nation voifine qui demandoit la Normandie. *Pour Dieu* (dit des Urfins) *où font ceux qui diront, ou voudront maintenir que vous leur puiffiez bailler, car elle n'eft mie vôtre, elle eft à la Couronne, de laquelle vous n'ête qu'Adminiftrateur, Tuteur, Curateur, Procureur in rem veftram ; car vous en faite les fruits vôtres.*

Cette Loy a été refpectée par tous les Rois de France qui ont bien connu la qualité & le titre de la Couronne qu'ils portent. Redevables à la Nation du choix qu'elle avoit fait de celui dont ils defcendoient, ils ont bien fenti qu'ils devoient laiffer à la Nation ce facré dépôt tel qu'ils l'avoient reçû d'elle.

Charlemagne dont l'autorité étoit grande, voulant faire fon teftament, demanda le confentement de l'affemblée des Grands de fes Etats, & dit à fes enfans, *qu'ils appriffent qu'ils tenoient la Couronne qu'il leur laiffoit, bien plus du confentement de cette Affemblée, que de la difpofition qu'il en avoit faite.*

Ecoutons Robert d'Artois l'un des Princes du Sang qui parla avec tant de force & de dignité dans les Etats affemblez à Paris en 1328. aprés la mort de Charles le Bel, pour regler le differend de la fucceflion à la Couronne. Ce Prince foûtint les Loix fondamentales de l'Etat, & s'oppofa à la prétention d'Edoüard III. Roy d'Angleterre, dont les Ambaffadeurs avoient demandé la Couronne de France en pleins Etats : *La Couronne de France,*

PHILIPPES III. surnommé LE HARDY, Roy de France, mort l'an 1285.

PHILIPPES IV. dit LE BEL, Roy de France & de Navarre, mort l'an 1314.

LO[ui]s du nom, Roy de France Navarre, surnommé [HUT]IN, mort l'an 1316

JEAN I. Roy de France, né, & mort en 1316.

PH[ilipp]s LE LONG, V. du n[om] de France & de Nava[rre m]ort l'an 1322. n'aya[nt] que des filles.

CH[arle]s IV. dit LE BEL, Roy de, & de Navarre, mort. 8. Il laissa JEANNE D'EV[reux] sa femme, enceinte

BLANCHE DE FRANCE, née posthume, aprés la naissance de laquelle PHILIPPES VI. dit DE VALOIS, vint à la Couronne.

ISA[bel] DE FRANCE, femme [d']ÉDOÜARD II. Roy d'An[gleterre].

EDOÜARD III. Roy d'Angleterre.

CHARLES DE FRANCE, Comte de Valois, mort l'an 1325.

PH[ilipp]es VI. Roy de France, dit DE [VALO]IS.

France, dit-il, n'eſt pas un bien de patrimoine, nos Princes n'en peuvent pas diſpoſer, ils n'en ont que la joüiſſance, & perſonne ne la peut avoir que celuy qui y eſt appellé par les Loix fondamentales. C'eſt avec juſte raiſon, puiſque le Peuple François, qui ſans doute eſt plus ancien que ſes Rois, ne leur a cedé ſa puiſſance, & confié ſon autorité publique, que ſous ces conditions-là.

Tous ceux qui ont écrit ſur cette matiere, Etrangers ou François, ont raiſonné ſur le même principe, que le Roy ne peut diſpoſer de la Couronne; ^A & ſans accumuler icy d'autres textes, on peut dire que tous leurs ſentimens ſe renferment dans ce principe, qu'en France celui qui ſuccede à la Couronne ne tient rien du Roy ſon predeceſſeur, mais du peuple: *Non jus accepit ab eo qui deceſſit, ſed à populo.*

Grotius.

Il y a donc une Loy, un Contract primitif & originaire, qui en liant le Roy avec la Nation, ôte au Roy la diſpoſition de la Couronne, pour la laiſſer à la nation lors de l'extinction de la Maiſon Royale qu'elle avoit choiſie pour regner ſur elle.

Quel droit particulier a donc eu le feu Roy pour diſpoſer de la Couronne? Son amour pour ſes Enfans naturels ayant ſéduit ſon cœur, n'a pas été un juſte titre pour leur tranſmettre un bien dont il n'étoit pas le proprietaire: les Rois ſes prédeceſſeurs avoient eu des Enfans naturels, ſans neanmoins avoir jamais tenté de les appeller à la Couronne au défaut des Princes de la Maiſon Royale.

Charles VI. entreprit de diſpoſer du Royaume en faveur de Henry Roy d'Angleterre ſon gendre. Cette diſpoſition ſuppoſoit dans le Roy un pouvoir qu'il n'avoit pas, & aneantiſſoit la Loy Salique; auſſi ne ſubſiſta-t-elle qu'autant de tems que la violence prévalut à la juſtice. Il ne fut beſoin ni d'Edit, ni de Lettres Patentes pour la révoquer: La Loy de l'Etat fut ſeule ſuffiſante pour affermir le droit de l'Heritier légitime ſans aucune autre révocation. On ſupprima juſqu'aux veſtiges d'une volonté ſi aveugle.

Ce n'eſt ni donner atteinte à l'autorité des Rois, ni la borner, de dire que les Rois ſont eux-mêmes ſujets à cette Loy primitive, à laquelle ils ſont redevables de leur Couronne. Juges ſouverains du ſort & de la fortune de leurs ſujets, diſpenſateurs de la Juſtice & des graces, ils ne ſont pas moins dépendans de cette ancienne Loy, qui fait le fondement de la grandeur de l'Etat, & la ſource de ſa felicité.

Nous avons encore d'autres Loix, moins anciennes à la verité que cel-

---

A Le bien de l'Etat demande que dans la ſucceſſion à une Couronne, on ſuive une route un peu differente des ſucceſſions particulieres.

Il faut que la ſucceſſion demeure dans la parenté du premier *, & qu'elle ne paſſe pas à ceux qui ne luy ſont parens qu'en ligne collaterale, moins encore à ceux qui ne ſont unis avec luy que par des liaiſons d'affinité. En effet, le Peuple a prétendu donner la Couronne à ce Roy & à ſa poſterité; de ſorte que dés qu'il ne reſte plus aucuns de ſes deſcendans, le droit de diſpoſer du Royaume retourne au Peuple, &c.

* L'Auteur parle
du premier Roy
élu par la Nation.

La difference qu'il y a entre les ſucceſſions particulieres & celles des Princes, dont le Royaume a été originairement fondé par le Peuple, c'eſt que bien que la Couronne ne parvienne au Succeſſeur qu'après la mort de ſon Predeceſſeur, qui la luy transfere immediatement, ce n'eſt pas en vertu d'un droit propre, ni par un effet de la faveur du Roy défunt qu'elle paſſe au Succeſſeur, mais ſeulement à ſon occaſion. *Puffendorf dans ſon Traité du Droit Public, p. 320. l. 7. ch. 7. §. 12.*

Ex quibus etiam liquet, quòd ſi deficerent omnes maſculi Sanguinis Regii, deberet per proceres & Status Regni nova electio fieri: nec poſſet Rex ultimus, etiam de Sanguine ſuo, puta ex cognatis, ſucceſſorem ſibi eligere, nec aliter de Regno diſponere. *Molineus ad conſuetud. Pariſienſem Tit. des Fiefs, §. 13. Gloſſa 3. in verbo, pour ſon droit d'aineſſe, num. 8. & 9.*

C

les de là difposition de la fucceffion à la Couronne, mais que le bien de l'Etat fait regarder comme des Loix fondamentales, que prefque tous nos Rois ont obfervées, & aufquelles aprés leur mort, on a rappellé celles de leurs difpofitions qui paroiffoient s'en écarter.

Tel eft l'ufage qui réünit à la Couronne, le Domaine particulier que poffedoit le Prince avant qu'il montât fur le Trône.

Louis XII. n'ayant point de mâle de fon mariage avec Anne de Bretagne, entraîné par l'affection qu'il avoit pour les deux filles de ce mariage, Claude & Renée de France, donna des Lettres Patentes en 1505. & 1509. pour empêcher la réünion de fon Domaine particulier à la Couronne, & pour le tranfmettre aux Princeffes fes filles. Les Lettres Patentes furent verifiées au Parlement. Cette difpofition étoit conforme aux vœux naturels des peres pour leurs enfans; mais l'Etat a fes loix & fes privileges fuperieurs aux regles qui décident de la fortune des particuliers. La loy du Royaume l'emporta fur la volonté de ce Prince, & quoiqu'il eût été l'amour & les délices de fon peuple, elle n'eut d'execution que pendant fa vie. François I. fon fucceffeur recueillit le Domaine de la Maifon d'Orleans, comme Roy, & non comme mary de la Reine Claude, & tous les Rois fes fucceffeurs l'ont poffedé à même titre.

Lorfque l'on fit la celebre Ordonnance du Domaine en 1566. on ne revoqua pas ces Lettres Patentes, que la loy de l'Etat avoit abolies de plein droit. Aprés avoir marqué dans plufieurs articles, quelle eft la nature du Domaine de la Couronne, on ajoûta, que les loix & les privileges du Domaine auroient lieu, tant pour l'ancien Domaine uni à la Couronne, qu'autres Terres depuis accruës ou avenuës, comme Blois, Coucy, Montfort, & autres femblables. Ces Terres que l'on dit être accruës ou avenuës à la Couronne, compofoient le patrimoine particulier du Roy Louis XII. Cette Ordonnance ne les réünit pas, elle les fuppofe réünies par l'incorporation de plein droit, qu'aucune loy n'avoit pû empêcher.

Le Roy Henry IV. fit la même tentative que Louis XII, pour fon Domaine particulier; mais la genereufe réfiftance du Parlement engagea ce Prince à changer de fentiment, & à loüer luy-même la fermeté de cette augufte Compagnie.

L'Indivifibilité de la Couronne, qui a remedié aux inconveniens des partages, n'eft foûtenuë que par un ufage que le bien de l'Etat autorife.

Le Domaine de la Couronne que l'on regarde comme inalienable, eft une loy que l'intereft de l'Etat a auffi établie; l'une & l'autre font partie de nos loix fondamentales. Pourroit-on les changer fur le prétexte des ufages contraires dans les fiecles éloignez; & fi les Rois y donnoient atteinte, leur volonté feroit-elle une loy inviolable?

Ne peut-on pas mettre encore au nombre de ces loix, celle qui ne permet pas de donner des honneurs au préjudice d'autruy?

Henry III. qui deftinoit Meffieurs de Joyeufe & d'Efpernon à l'honneur d'être fes Beau-freres, les fit tous deux Ducs & Pairs, & leur donna le privilege de préceder les autres Pairs dont l'érection étoit plus ancienne; mais cette grace fi extraordinaire fut revoquée par Henry IV. en 1595, fur la plainte que lui en porta le Connétable de Montmorency. Le motif des Lettres Patentes qui lui en furent accordées, eft *l'ordre obfervé en tout tems & ancienneté en ce Royaume pour les rangs.* Les Ducs de Joyeuſe & d'Epernon qui avoient été aſſignez ſur l'enterinement de ces Lettres, ne jugerent pas à propos de ſoûtenir la grace qu'ils avoient obtenuë, & M. le Duc de Montmorency prit le rang du jour de l'érection de ſon Duché, anterieure à celle des Duchez de Joyeuſe & d'Epernon.

Henry IV. aprés avoir légitimé Cæſar de Vendoſme en 1595, n'écoutant que les ſentimens de tendreſſe que la nature avoüe, mais que la loy de l'Etat condamne, voulut le placer immediatement aprés les Princes du Sang, & avant tous les autres Pairs du Royaume. Le principal motif expliqué dans l'Edit du mois d'Avril 1610. qui luy donne ce droit, eſt l'avantage qu'il avoit d'être iſſu d'un auſſi grand Roy : mais l'effet de cet Edit, regiſtré le 30. Avril, ne dura que quinze jours, c'eſt à dire juſqu'au coup funeſte qui priva la France d'un Roy qui faiſoit ſes délices. Les Ducs & Pairs dont l'érection des Pairies & la reception étoient anterieures à celle de M. le Duc de Vendoſme, reprirent leurs places, ſans demander d'Edit qui revoquât le premier. Ils intenterent un procez qui a duré 80. ans. La poſſeſſion a varié en quelques rencontres, & MM. de Vendoſme n'ont joüi paiſiblement du rang accordé par les Lettres de 1610. qu'à la faveur de l'Edit que le Roy accorda en 1694. à Meſſieurs les Duc du Maine & Comte de Toulouſe.

Le feu Roy luy-même n'a pas toûjours penſé que les Fils naturels des Rois euſſent droit en vertu de leur naiſſance, aux honneurs dont il a gratifié les ſiens. Quand en 1652. il érigea la Terre de Verneüil en Duché Pairie pour Henry fils naturel & légitimé d'Henry IV. il luy donna rang, non au deſſus de tous les Pairs, mais ſeulement au deſſus de tous ceux qui furent reçûs avec luy dans le lit de Juſtice de 1663. On ne reconnoiſſoit donc pas alors, dans les Enfans naturels des Rois, un droit de ſucceder à la Couronne, ni de porter le titre de Princes du Sang.

Concluons de tous ces exemples, qu'il y a bien des loix auſquelles la juſtice & l'équité de nos Rois les aſſujettiſſent, & que ſi pendant leur vie on a reſpecté les diſpoſitions qui y étoient contraires, leurs volontez ſur ce point ont ceſſé d'être executées aprés leur mort.

Ce ſeroit icy le lieu d'examiner ſi les Princes légitimez ſont ſuſceptibles de la qualité de Princes du Sang ; mais comme ils n'ont aucun droit à la ſucceſſion de la Couronne, ils n'en ont aucun au titre de Prince du Sang, qui en eſt inſéparable. Ce titre naît du droit de ſucceder au Trône, & c'eſt réciproquement ce même titre de Prince ou de Seigneur du Sang, qui forme le droit d'y ſucceder : ni l'un ni l'autre n'eſt à la diſpoſition des Rois; ils ne peuvent être fondez que ſur une naiſſance légitime ; c'eſt un preſent de la nature & de la loy.

Du Tillet dit que *le mot Prince eſt entendu en ce Royaume, de ceux du Sang, iſſus & capables du premier chef qui eſt la Couronne.*

Du Tillet, au Chapitre des Princes du Sang de France.

Le feu Roy étoit ſi perſuadé que ces deux droits étoient inſéparables, que dans ſa Déclaration de 1715. il donne aux Princes légitimez, ce titre de Prince du Sang, non comme une nouvelle grace, mais comme un titre attaché au droit de ſucceder à la Couronne, qu'il leur avoit accordé par l'Edit de 1714.

Cependant les Princes légitimez ont affecté de faire une longue diſfertation fur les honneurs que les Rois peuvent attribuer. Ils les ont féparez du titre de Prince du Sang, pour en conclure que le feu Roy a pû leur accorder ces honneurs : mais c'eft vouloir détourner l'objet que les Princes du Sang attaquent. Il eft queftion prefentement du droit de fucceder à la Couronne, & de la qualité de Princes du Sang, donnez aux Princes légitimez ; & ces deux titres étant détruits, les honneurs qui n'en font que la fuite neceffaire & inféparable, feront abfolument anéantis.

Mais quand ces honneurs auroient été donnez aux Princes légitimez par un Edit particulier, fans le titre de Prince du Sang, & fans la capacité de fucceder à la Couronne, les Princes du Sang qui font convaincus que les diftinctions & les honneurs attachez à leur naiffance, ne peuvent être communiquez à ceux qui n'ont pas le même avantage de la naiffance légitime dans la Maifon Royale, foûtiendroient que la même juftice qui engagea Henry IV, de priver les Ducs de Joyeufe & d'Efpernon du rang qui leur avoit été donné par Henry III, au deffus de tous les Ducs & Pairs, ne permettroit pas au Roy de refufer aux Princes du Sang, la révocation de la grace qui auroit été faite aux Princes légitimez, au préjudice des Princes du Sang.

Le Traité fait pour l'union de la Lorraine à la Couronne de France, en fourniroit une preuve aux Princes du Sang. Il n'eut pas d'execution, parce que le Roy n'avoit pû difpofer de la Couronne en faveur des Princes de la Maifon de Lorraine, ni leur accorder les privileges des Princes du Sang.

Les Princes légitimez ont voulu tirer un grand avantage des Lettres accordées en 1571 à M. de Longueville ; mais il eft facile de connoître par l'examen de ces Lettres & par leur execution, qu'elles ne peuvent fervir pour autorifer les prétentions des Princes légitimez.

Ces Lettres accordées par Charles IX. portent, *qu'il tient & repute le Duc de Longueville & fes Defcendans pour Princes du Sang, & qu'il veut qu'auprés de luy & en tous lieux, ils ayent le premier lieu aprés les Princes du Sang.* Mais ces Lettres n'ont jamais été regiftrées ; elles ne font adreffées à aucune Cour. Auffi M. le Duc de Longueville ni fes defcendans n'ont jamais penfé que ces Lettres leur donnaffent le droit de prendre la qualité de Princes du Sang, ni de joüir du rang & des prérogatives attachez à cette qualité. Il eft même certain que les Princeffes du Sang qui ont pris alliance dans la Maifon de Longueville, ont obtenu des Brevets pour fe conferver le rang de Princeffes du Sang, de même que Mefdames les Ducheffes du Maine & de Vendofme en ont ufé.

TROISIE'ME

TROISIE'ME PROPOSITION.

Que les Enfans naturels des Rois, même légitimez, n'ont pas le droit de succeder à la Couronne.

Si les Princes du Sang pouvoient se dispenser ici, comme ils ont fait dans leur Requête, d'entrer dans la question particuliere du vice de la naissance des enfans naturels, ils l'éviteroient encore avec soin ; mais ils seroient responsables à la Nation d'un silence qui donneroit de l'autorité aux prétentions excessives des Princes légitimez sur le droit de leur naissance. Que les Princes légitimez n'imputent donc qu'à eux-mêmes l'amertume que peut leur presenter l'examen de cette matiere.

Les Loix, l'honneur du mariage, l'honnêteté publique, l'ordre & la conservation des familles, ont exclus de toute succession les enfans naturels, même légitimez. Les enfans qui sont le fruit de l'union sainte du mariage, sont les seuls que les Loix honorent du nom de fils : *Filium enim definimus*, dit Ulpien, *qui ex viro & uxore ejus nascitur ;* & si hors de cette union la nature donne des enfans, la Loy les ôte à leur pere ; c'est le mariage qui ouvre le droit aux successions, qui en regle l'ordre, qui assure l'honneur & le repos des familles ; des contrats solemnels, des registres publics en conservent le témoignage ; enfin seul il réünit les vœux de la nature & de la Loy, & cette voye unique ayant une fois manqué, il n'y a point d'institution humaine qui puisse y suppléer entierement.

Les enfans naturels, même légitimez, sont exclus de tous ces avantages : ils n'ont ni parens, ni famille de leur chef : ils en commencent une nouvelle, mais ils ne sont d'aucune : ils ne peuvent succeder ni à leur pere, ni à leur mere, ni aux parens de ceux qui leur ont donné le jour. Si la Jurisprudence a varié pendant quelque temps sur cette exclusion, la regle generale & uniforme est à present, de les exclure de toutes successions ; & lors même que l'usage leur étoit le plus favorable, on ne se relâchoit de la regle qu'en faveur des enfans naturels nez de pere & de mere libres.

Il est constant que les enfans naturels, freres ou sœurs, ne peuvent même se succeder, parce qu'il n'y a point de parenté civile entre-eux ; leurs biens appartiennent au Roy quand ils meurent sans enfans, & sans en avoir disposé ; la légitimation les rend seulement *capables de posseder des Offices, des Benefices, & d'acquerir des biens.*

Les Princes légitimez ne contesteront pas ces principes ; ils ne peuvent ignorer que ce sont des Lettres Patentes particulieres qui leur donnent *les droits des successions reciproques entre eux,* & que sans ces titres particuliers, ils seroient dans le droit commun à tous les enfans naturels légitimez.

Voyez les Lettres de Janvier 1680 rapportées à la fin de ce Memoire.

Le Parlement fut même si persuadé que ce droit de succeder entre des enfans naturels & légitimez, étoit contraire aux regles, qu'il n'enregistra les premieres Lettres obtenuës par les Princes légitimez pour la succession reciproque, qu'en déclarant que *c'étoit par le commandement & par la volonté du Roy.*

D,

Les Loix du Royaume excluënt donc les Princes légitimez, des succesſions. Qu'ils rapportent la Loy particuliere qui ait fait une exception en faveur des Enfans naturels des Rois; sans cela ils doivent se renfermer dans l'effet de leurs Lettres de légitimation.

Comment les Princes légitimez peuvent-ils donc prétendre, qu'ils perpetueront la Famille Royale lorſqu'elle ſera éteinte par la mort de tous les Princes du Sang, puiſque leur naiſſance les exclut de la Maiſon Royale, qu'ils ont eu beſoin de Lettres particulieres pour pouvoir porter le Nom de Bourbon, & que par les Lettres de légitimation accordées par Henry IV. à ſes Enfans naturels, il ne leur a pas permis de porter ce nom?

Il eſt vrai que depuis le regne du Roy, on voit Meſſieurs les Duc du Maine & Comte de Touloufe qualifiez ſes Oncles, dans les Edits & Déclarations; mais c'eſt l'effet de la conſideration particuliere que Monſieur le Regent a pour eux, une grace dont ils ne ſont redevables qu'à lui-ſeul, & qu'il eſt en droit de révoquer quand il jugera à propos.

Si le feu Roy a bien voulu appeller M. le Duc de Verneüil, ſon Oncle; s'il a ſouvent traité de Fils, les Princes légitimez, c'étoit un effet de ſa bonté & de ſa complaiſance; mais ces expreſſions n'ont jamais formé de parenté civile ni de conſanguinité; car le Roy ne pouvoit être l'heritier de M. de Verneüil comme ſon neveu, ni Monſieur de Verneüil l'heritier du Roy comme ſon oncle; le droit de ſucceſſion n'eſt fondé que ſur la parenté, & les Loix n'en connoiſſent aucune entre les enfans légitimes & les légitimez.

Les Rois ſes prédeceſſeurs ſe ſont conformez à cette regle; Loüis XIII. ne donnoit à M. de Vendoſme, la qualité de frere, qu'en y ajoûtant le mot de *naturel*, qui reſtraint celui de frere, & empêche que l'on n'en abuſe.

A ces Loix generales qui excluënt les enfans naturels, des ſucceſſions ordinaires, ſe joint la Loy de l'Etat, qui les exclud de la ſucceſſion de la Couronne, en n'y appellant que les Fils légitimes des Rois, de maſle en maſle. Nos Hiſtoires nous marquent combien la Nation a été attachée à l'obſervation de cette Loy.

Loüis le Debonnaire ayant fait une Aſſemblée à Aix-la-Chapelle en 817. pour y regler les affaires de ſon Empire, les Grands le prierent de faire le partage de ſes Etats entre ſes trois enfans pour être executé aprés ſa mort; affaire ſi importante, que l'on ordonna des prieres publiques, des jeûnes, & des aumônes pendant trois jours, aprés leſquels Loüis le Debonnaire regla ſa ſucceſſion éntre ſes enfans. Comme ce Prince n'ignoroit pas la Loy de l'Etat, & que Dreux & Hugues Enfans naturels de Charlemagne ſon pere, n'avoient eu aucune part à ſes Etats, il ordonna par l'article 15. de ce partage, que la portion du premier d'entre eux qui viendroit à mourir ſans enfans légitimes, retourneroit à l'aîné, l'exhortant ſeulement d'en uſer *miſericordieuſement* envers les enfans naturels de ſon frere: *Si verò abſque legitimis liberis aliquis eorum deceſſerit, poteſtas illius ad ſeniorem fratrem revertatur; & ſi contigerit illum habere liberos ex concubinis, monemus ut erga illos miſericorditer agat.*

Ce partage fait dans une aſſemblée auſſi ſolemnelle, n'eſt-il pas une preuve bien authentique, que l'on reconnoiſſoit alors une loy qui excluoit les Enfans naturels de la ſucceſſion à la Couronne? Cette pitié, cette

CHARLEMAGNE Roi de France, & Empereur d'Occident, mort en 814.

PEPIN Roi d'Italie, mort sans Enfans légitimes l'an 810.

BERNARD Bâtard de PEPIN, fut Roi d'Italie, perit par mort violente pour crime de félonie envers LOUIS LE DEBONNAIRE, le 27. Avril 818.

PEPINte de Vlois assista ection d'U-DES ck il mourio.

HERBERT Comte de Vermandois, assista comme son pere à l'élection du Roi EUDES, il mourut en 902.

HERBERT II. Comte de Vermandois & de Troies, assista à l'élection du Roi ROBERT, l'an 922. puis à celle du Roi RAOUL l'an 923. Il mourut l'an 943.

ALBERT Comte de Vermandois, assista à l'élection, sacre & couronnement du Roi HUGUES CAPET l'an 987. Il mourut l'an 988.

HERBERT III. Comte de Vermandois, assista comme son pere à l'élection du Roi HUGUES CAPET. Il mourut en 1015.

HERBERT DE VERMANDOIS Comte de Troies & de Meaux, étoit un des principaux Seigneurs François qui approuva l'élection du Roi HUGUES CAPET l'an 987. Il mourut l'an 993.

GILBERT DE VERMANDOIS Comte de Soissons, vivoit dans le temps de l'élection du Roi Hugues Capet.

RENAUD DE VERMANDOIS Comte de Rheims & de Roucy: il assista à l'élection du Roi HUGUES CAPET, épousa ABRADE DE FRANCE fille du Roi LOUIS. Il vivoit encore l'an 991.

PEPIN DE VERMANDOIS, Comte de Senlis vivoit en 888. il étoit encore au monde en 893.

BERNARD Comte de Senlis vivoit és années 922. & 923. Il n'étoit pas encore mort en 945.

LOUIS LE DEBONNAIRE Roi de France, mort en 840.

CHARLES LE CHAUVE Roi de France, mort en 877.

LO LE BEGti de Franc.t en 879.

CHARLES LE SIMPLE Roi de France, mort l'an 929.

LOUIS IV. dit D'OUTREMER, Roi de France, mort l'an 954.

LOTTAIRE, Roi de France, mort l'an 986.

LOUIS V. Roi de France, mort sans lignée l'an 987.

ROBERT LE FORT le grand Duc & Marquis chez, Comte d'Anjou, d'Orle de Blois. Il fut tué en b. l'an 867.

EUDES Duc de France, Comte de Paris, fut élû, sacré & couronné Roi de France l'an 888. Il mourut en 898.

ROBERT, Comte de Paris, élû Roi de France l'an 922. Il fut tué à la bataille de Soissons le 15. Juin l'an 923.

HUGUES le Grand Duc de France, de Bourgogne, & de Guienne, Comte de Paris, &c. mort l'an 956.

HUGUES CAPET fut choisi par la Nation Françoise pour être leur Roi, l'an 987. Il mourut l'an 998.

EMME femme de RODOLFE ou RAOUL Duc de Bourgogne, lequel fut élû Roi de France l'an 923. Il mourut l'an 936.

humanité recommandée par ce Prince en faveur des Enfans naturels, eſt bien éloignée de la ſucceſſion légitime, & du droit de partager les Etats de leurs Peres.

On dira peut-être que dans ce tems les Bâtards n'étoient pas légitimez, cela eſt vrai, les Lettres de légitimation n'étoient pas alors en uſage ; mais depuis qu'elles ont été introduites, elles n'ont donné d'autre droit aux Enfans naturels, que celui de poſſeder des biens & d'en diſpoſer. Les Lettres de légitimation de Cæſar de Vendoſme & des autres Enfans naturels d'Henry IV, de même que celles de tous les Enfans naturels du feu Roy, le portent en termes exprés ; & les Lettres particulieres qu'ils ont obtenuës pour ſe ſucceder les uns aux autres, en font une autre preuve.

D'ailleurs comment les Princes légitimez pourroient-ils concilier l'idée de la neceſſité des Lettres de légimation pour ſucceder, avec les exemples qu'ils ont rapportez, des Bâtards des Rois de la premiere & de la ſeconde Race, qu'ils prétendent avoir ſuccedé par le ſeul droit de leur naiſſance ; car certainement ils n'avoient pas de Lettres de légitimation : donc ces Lettres ne changent, ou n'ajoûtent rien en faveur des Légitimez, pour la ſucceſſion à la Couronne.

La loy qui exclut les Enfans naturels des Rois, de la ſucceſſion à la Couronne, a toûjours été obſervée, & les Princes légitimez n'ont allegué aucun exemple contraire, comme on le prouvera dans la quatriéme Partie de ce Memoire.

Les Enfans naturels de Charlemagne & de ſes deſcendans, n'ont eu nulle part à la ſucceſſion de la Couronne, même au défaut de tous les Princes du Sang.

Bernard Fils naturel de Pepin & petit-fils de Charlemagne, en avoit obtenu à la priere de Loüis le Debonnaire, le Royaume d'Italie qu'avoit poſſedé ſon pere, à la charge de l'hommage & ſous la Souveraineté du Royaume de France ; mais voulant ſecouer le joug, il ferma les paſſages d'Italie, fortifia ſes Villes, reçut les hommages des peuples, entreprit de ſe ſoûtenir par les armes : Loüis le Debonnaire le força de ſe ſoûmettre, & ce Prince ambitieux fut condamné à mort par les Grands du Royaume.

Il laiſſa des Enfans légitimes, dont les deſcendans vivoient lorſque Hugues Capet parvint à la Couronne, Albert Comte de Vermandois, Herbert Comte de Troyes, Gilbert Comte de Soiſſons, & Regnault Comte de Rheims ; mais la Nation ne jetta les yeux ſur aucun de ces quatre freres pour les appeller à la Couronne, & de leur côté ils ne firent aucun mouvement pour y parvenir : l'hiſtoire même nous apprend, qu'ils contribuerent beaucoup par leurs ſuffrages & par leur credit à l'élection de Hugues Capet.

Voyez la Genealogie.

Les Princes légitimez ont-ils pû avancer aprés ces exemples, que les Enfans naturels des Rois ont été appellez à la Couronne dans la ſeconde Race, au défaut des Enfans légitimes, & dans la troiſiéme au défaut de tous les Princes du Sang ? Cette loy qui exclut les Enfans naturels des Rois, n'a jamais ſouffert aucune atteinte dans la troiſiéme Race : elle eſt reconnuë dans l'Edit de Charles V, dit le Sage, du mois d'Aouſt 1374 pour la Majorité des Rois à 14. ans, publié dans ſon Lit de Juſtice, &

confirmé par Charles VI son fils en 1392. Ces Rois reconnoissent qu'il n'y a que les Enfans légitimes des Rois, qui puissent être appellez à la Couronne.

En doutera-t-on aprés les Lettres de légitimation accordées par Henry IV à Cæsar de Vendosme & à tous ses autres Enfans naturels ? On les rapportera à la fin de ce Memoire, avec celles des Princes legitimez par le feu Roy.

Henry IV reconnoît par ces Lettres de légimation de Cæsar de Vendosme, qu'il *étoit incapable par sa naissance de succeder aux Couronnes de France & de Navarre, & même à ses autres biens & revenus patrimoniaux.* Ce Prince fait le même aveu dans les Lettres de légitimation de tous ses autres Enfans naturels, Alexandre, Gaston de Foix, & le Comte de Moret, & il ne donne à aucun le nom de Bourbon. Ces Lettres ont été regitrées au Parlement.

Toutes ces Lettres de légitimation n'ont eu d'autre effet, que de rendre ces Enfans naturels capables de recevoir les dons & bienfaits qu'ils pouvoient esperer, & de posseder des Charges & des Benefices. Quelques-unes contiennent à la verité la faculté de succeder à leurs meres, qui y consentoient; mais avec cette clause, *pourvû que ce soit du consentement de leurs heritiers légitimes :* elles reservent aussi aux meres, aprés le deceds de leurs Enfans sans posterité, l'usufruit de leurs biens, mais la proprieté au Roy & à ses successeurs.

Trois de ces Lettres portent encore un aveu important, c'est qu'Henry IV. n'avoit pû légitimer Cæsar de Vendosme & Alexandre freres, & le Comte de Moret, qu'en conséquence de *la dissolution des mariages de leurs meres ;* la loy ne permettant pas d'ôter à un mary les enfans nez de sa femme pendant le mariage. Il est vrai que de nos jours on a donné des exemples contraires, mais on s'est abstenu de nommer la mere dans les Lettres de légitimation ; son nom seul auroit réclamé contre ces reconnoissances ; & si l'on continuë d'en autoriser l'usage, que ne doit-on pas craindre de la liberté qu'il laisse de reconnoître tels enfans que l'on voudra s'attribuer ?

Voyez les Lettres de Légitimation à la fin du Memoire.

Les Lettres de légitimation obtenuës par M. le Duc du Maine & M. le Comte de Toulouse, sont relatives à celles qui furent accordées par Henry IV à ses Enfans naturels, & ne leur donnent que les mêmes droits dont les Enfans légitimez des prédecesseurs de Louis XIV ont joüi. Elles renferment donc une exclusion tacite, de la succession à la Couronne ; & par conséquent Louis XIV, qui à l'exemple d'Henry IV, avoit conservé la loy dans ces Lettres de légitimation de ses Enfans naturels, en renfermant tous leurs droits dans la capacité de posseder des Charges & des Benefice, d'acquerir des biens & d'en disposer, a violé cette même loy par l'Edit de 1714, qui appelle ses Enfans légitimez à la Couronne.

Si Henry IV & Louis XIV eussent crû que les Lettres de légitimation accordées à leurs Enfans naturels, les eussent rendus capables de succeder au Trône, eussent-ils eu besoin d'accorder des Lettres pour leur donner le rang immediatement aprés les Princes du Sang ? Il s'offroit à eux une voye bien plus courte, ils n'avoient qu'à déclarer que les Lettres de légitimation leur donnoient tous les droits de la naissance légitime. Par

ce

ce moyen ils devenoient Princes du Sang & succeſſibles à la Couronne , & l'Edit de 1714. étoit inutile.

Mais ces Lettres de légitimation accordées par Henry IV. font connoî-tre que ce Prince étoit fort éloigné de ces ſentimens , & l'Edit même de 1714. renferme une preuve de l'excluſion des Enfans naturels , de la ſuc-ceſſion à la Couronne ; car il n'y appelle que les deſcendans mâles nez & à naître en légitime mariage des Princes légitimez. Ainſi la verité & la loy triomphent dans le titre même par lequel on a voulu les violer.

Les Princes du Sang ajoûteront que cette incapacité des Princes legi-timez , eſt encore bien marquée dans le diſcours que fit M. le Premier Préſident , lorſqu'il rapporta au Parlement ce que le Roy luy avoit dit à Marly , de ſes intentions ſur l'Edit de 1714. *Sa Majeſté Nous ajoûta que la précaution qu'Elle prenoit , de faire repeter pluſieurs fois dans l'Edit , aprés le dernier des Princes du Sang , lui avoit perſuadé qu'Elle ne faiſoit tort à perſonne , les Princes du Sang* SEULS *, ayant un droit légitime à cette grande ſucceſſion de la Couronne.*

Quel nouveau titre eſt donc ſurvenu depuis cet Edit , en faveur des Princes légitimez , pour ſoûtenir comme ils font dans leur ſecond Me-moire , que par ce même Edit le Roy ne fait que déclarer le droit qu'il reconnoît en eux pour la ſucceſſion à la Couronne ? Eſt-ce que les Prin-ces légitimez n'avoient pas bien compris le ſens & la diſpoſition de l'Edit lors de leur premier Memoire , ou ſe flattent-ils que leurs prétentions prennent de nouvelles forces en les diſcutant ?

Les Memoires des Princes légitimez preſentent une contradiction ma-nifeſte entre leurs prétentions & leur aveu ſur l'Edit de 1714.

Ils ſoûtiennent d'un côté que leur naiſſance reconnuë par leurs Lettres de légitimation , leur donne un droit au Thrône.

De l'autre ils avoüent que même au défaut de tous les Princes du Sang , & nonobſtant l'Edit de 1714. ils ne pourroient ſucceder à la Couronne ſans le conſentement de la Nation. Leur état eſt donc incertain , puiſqu'ils peuvent être rejettez ou admis par la Nation. De quel droit veulent-ils donc joüir dés à preſent du titre de Prince du Sang , & des avantages réſervez aux ſeuls ſucceſſeurs neceſſaires de la Couronne ?

Les Princes légitimez appellent en vain en leur faveur , le ſentiment qu'ils ſuppoſent que le Roy Hugues Capet , auroit eu , ſi on lui eût de-mandé ſon avis , ſur la ſucceſſion à la Couronne , en faveur de ſes Enfans naturels ; car outre que ſon ſentiment n'auroit pas été une loy pour l'Etat , on peut également ſoûtenir , qu'il n'auroit pas crû ſes Bâtards capables de ſucceder à la Couronne. Tous les Rois n'ont pas eu un amour égale-ment aveugle pour leurs Enfans naturels. Les exemples rapportez dans nos Hiſtoires , font connoître que les Rois croyoient les traiter aſſez fa-vorablement , en les deſtinant à des Ordres militaires ou à l'Egliſe , pour leur donner de grands Benefices.

Par cette ſage conduite les Enfans naturels n'étoient pas à charge à l'Etat : Ils ne rempliſſoient pas les premieres dignitez , ni les grands Gou-vernemens : Les Princes du Sang , les Grands du Royaume & tous les Sujets qui s'en rendoient dignes , y étoient appellez comme à un bien qui les regardoit légitimement : Mais quand les Rois n'ont eu attention qu'aux

E

mouvemens de leur tendreſſe pour leurs Enfans naturels, on les a vûs honorez de pluſieurs grandes Charges de l'Etat, & des Gouvernemens les plus conſiderables.

Les Princes légitimez, qui peuvent ſervir d'exemple, ſentent ſi bien aujourd'huy l'autorité & le pouvoir attaché à leurs Charges & à leurs Emplois, qu'ils laiſſent entendre qu'il y auroit du danger pour le repos de l'Etat, de les troubler dans leurs prétentions. Cependant preſque tous les Princes du Sang ont été abſolument oubliez; on a eu en vûë de les abaiſſer, en leur refuſant ce qui eſt neceſſaire pour ſoûtenir l'éclat de leur naiſſance, & de donner un luſtre aux Princes légitimez, comblez de bienfaits.

Premier Memoire des Princes légitimez.

Ce que nous voyons de nos jours ſe perpetuëroit dans les ſiécles à venir. Les Rois ne ſe refuſeroient jamais le plaiſir flatteur de faire par des Lettres, leurs Enfans naturels, Princes du Sang & ſucceſſeurs à la Couronne. Tels ſont les Princes du Sang que l'on nous prépareroit à l'infini. Ils ſeroient toûjours préferez pour les graces, & toutes les richeſſes de l'Etat pourroient à peine ſuffire à l'entretien de tant de Princes. Ils demanderoient des appanages, puiſqu'ils prétendent que la naiſſance des Enfans naturels des Rois leur donne le droit de ſucceder à la Couronne, comme Fils de Roy, reconnus. Les Princes du Sang n'auroient plus le commandement des Armées : on tâcheroit de les abattre : leurs vertus, leur courage ne ſeroient plus que des ſujets d'ombrage & de défiance pour les Rois qui auroient des Enfans naturels à élever. La Nobleſſe ne verroit plus les Princes du Sang marcher à ſa tête, partager ſa gloire & ſes perils pour ſervir l'Etat. Elle verroit une foule de Princes légitimez entre le Roy & elle ; & quelques ſervices qu'elle pût rendre, à quelque haut rang qu'elle fût élevée, elle ſeroit précedée, elle ſeroit commandée par des Enfans naturels, & elle n'auroit plus rien à eſperer pour le prix de ſon ſang & de ſa valeur, que l'abondance de ſes moiſſons, & la graiſſe de ſes troupeáux.

Les Princes du Sang qui ne doivent penſer que pour le bien de l'Etat, ne peuvent écouter les ſentimens qui pourroient leur faire deſirer de voir les Princes légitimez ſur le Thrône, aprés l'extinction de la Race Royale, dés que ces ſentimens iroient à gêner les ſuffrages de la Nation. Ils ſouhaitent que les Princes légitimez & leurs deſcendans meritent un jour par leurs ſervices & leurs vertus, une Couronne que les loix leur ont refuſée ; le devoir des Princes du Sang ne leur permet pas d'aller plus loin.

Mais il ne s'agit pas à preſent, de faire le choix d'un Roy par anticipation. Il s'agit de détruire le titre de ſucceſſion à la Couronne, donné ſans droit & ſans neceſſité ; & s'il étoit temps de diſputer de la Couronne, les Princes légitimez n'auroient-ils pas à craindre, que ceux qui pourroient juſtement y aſpirer, ne leur diſſent : Prouvez-nous vôtre Etat par des Regiſtres publics, avant de prétendre au Thrône comme Princes du Sang ? Dites-nous de qui vous tenez le jour, & ſi les Princes du Sang ont été appellez au moment de vôtre naiſſance, comme à celle des Princes de la Race Royale ?

QUATRIE'ME PROPOSITION.

Que les exemples alleguez par les Princes légitimez, ne font pas fidelle-
ment citez, ou n'ont aucune application favorable à leurs pretentions.

Les Princes du Sang commenceront l'établiſſement de cette Propoſi-
tion, par quatre obſervations.

La premiere : Quand même les exemples rapportez par les Princes légitimez ſeroient veritables, ils ne pourroient en tirer aucun avantage, ſuivant ce que les Princes du Sang ont établi dans la ſeconde & troiſiéme
Partie de ce Memoire, que ſi les Loix fondamentales ont été quelque-
fois bleſſées, les atteintes qu'on a voulu y donner, n'ont rien dimi-
nué de leur force & de leur ſtabilité.

La Seconde : Les maximes que nous ſuivons à preſent pour les mariages, ne doivent pas ſervir de regle pour décider de la validité de ceux
qui ont été contractez dans les premiers ſiecles de la Monarchie. Le di-
vorce & la répudiation étoient lors fort frequens [A]. Par ce moyen les
deux parties devenoient libres, & chacun pouvoit prendre d'autres en-
gagemens, qui étoient regardez comme légitimes.

La troiſiéme : Les Hiſtoriens nous apprennent que les Rois ne donnoient pas toûjours le titre de Reines, aux femmes qu'ils épouſoient, mais
qu'il y en avoit pluſieurs entre elles, appellées concubines, quoiqu'elles
fuſſent également légitimes, de même que leurs enfans. On nommoit
pellices, ou *amica*, celles que nous appellons à preſent Maîtreſſes; les ſujets
ſuivoient en cela l'exemple des Rois. Ce mot de concubine, a trompé quelques Hiſtoriens modernes; ils ont penſé & parlé ſuivant l'uſage de leur
temps ; ce qui leur a fait croire que les enfans nez de ces concubines
étoient bâtards.

La quatriéme : Dans le doute ſur l'état des enfans, on penſe toûjours
favorablement pour la légitimité, & particulierement ſur ce qui s'eſt paſſé
dans des temps éloignez, dont la verité ne peut être certainement con-
nuë au milieu de la diverſité des ſentimens de ceux qui en ont écrit.

Aprés ces obſervations, les Princes du Sang vont prouver, qu'il n'y a
aucun Bâtard reconnu certainement pour tel, qui ait ſuccedé à la Couronne, & qu'ils en ont été exclus, non ſeulement par les Princes du Sang
collateraux, mais même au défaut de tous les Princes du Sang.

Carolus le Coin-
te, Hiſt Eccleſ.
Francorum ad an-
num. 593. tom. 2.
pag. 402. ad an-
num 613. tomo eod.
pag 636
Nota ad Freder.
Scholaſt. Theodor.
Ruinart, pag 667.
Du Carge, Gloſ.
ſar. Lat.

[A] Invaluerat tunc peſſima conſuetudo legi Chriſtianæ contraria, uxorem repudiandi, ac poſt divortium alteram aſſumendi, ut patet ex Libro 2. Marculfi, Formulâ 30. Quæ peſtis poſtea ſacris
Canonibus & Regiâ authoritate caſtigata fuit. *Theod. Ruinart ad Frider. Scholaſt. pag. 635.*
On en rapportera un exemple de chaque Race.
Le premier, *de Dagobert I.* Poſt per Auguſtodunum, Autiſſiodenum pergens, per civitatem Seno-
nas Pariſius venit, ibique Gomatridem Reginam Romiliaco villa, ubi ipſam in matrimonium ac-
ceperat, relinquens, Nantechildem, unam ex puellis de miniſterio, accipiens, Reginam ſublima-
vit. *Fredeg. ex edit. Theod. Ruinart, pag. 635.*
Le ſecond, *de Charlemagne.* Filiam Deſiderii Longobardorum Regis duxit uxorem, quâ non poſt
multum temporis, quia eſſet clinica, & ad propagandam prolem inhabilem, judicio ſanctiſſimorum
Sacerdotum relictâ, velut mortuâ. *Monac. Sangallenſis, de Rebus bellicis Caroli-Magni, inter*
Hiſtor. Franc. t. 2. p. 132.
Le troiſiéme, *de Louis le jeune,* qui répudia Alienor de Guienne ſa premiere femme, depuis
épouſe de Henry II. Roy d'Angleterre, pour épouſer Alix de Champagne, qui fut mere de Phi-
lippe-Auguſte.

PREMIERE RACE.

PREMIER EXEMPLE.

Thiery fils aîné de Clovis, étoit né de pere & de mere Payens. On doit préfumer que fa mere étoit femme légitime fuivant les Loix du Paganifme, tant qu'il n'y a pas de preuve contraire. Ce Prince ne devoit pas perdre le droit de fa naiffance légitime, par le mariage de Clovis avec Clotilde, ni par la converfion de fon pere à la Religion Chrétienne. Auffi les plus anciens Hiftoriens [B] n'ont ils point douté de fon état; ils lui ont donné la qualité de fils aîné de Clovis.

SECOND EXEMPLE.

Gefta Dagoberti Regis. Duchefne tomo 1 p. 579.
Vita S. Amandi à Baudemundo, in Actis SS. Ordini: S. Benedicti. Tomo 2. pag. 707.
Aimoinus lib. 4. cap. 20.

Sigebert fils de Dagobert I. a été regardé comme 'fils légitime. Plufieurs Hiftoriens affurent que fa mere Ragnetrude [C] avoit été époufée. Ils ajoûtent même que l'on fit des prieres publiques & de grandes aumônes, pour meriter la benediction du Ciel, pour la naiffance d'un fils. On n'en ufe pas ainfi pour les bâtards.

Si quelques Auteurs ont parlé autrement de l'état de ce Prince, leur opinion n'eft pas un titre pour le faire reputer bâtard. Mais qu'il l'ait été ou non, il faut obferver que les Auftrafiens voulant un Roy particulier, & Dagobert I. ayant deux fils, il fut obligé dans une Affemblée tenuë à Metz, de leur donner Sigebert âgé de cinq ou fix ans. Ainfi il fatisfaifoit les Auftrafiens, & referva à Clovis II. fon autre fils, le Royaume de Neuftrie.

TROISIE'ME EXEMPLE.

Theodebert Roy d'Auftrafie, avoit fiancé Vifigarde du vivant de Thiery fon pere.

Aprés la mort de Thiery, Theodebert changea d'affection, & époufa Deuterie.

[B] Mortuo Clodoveo Rege, quatuor Filii ejus, id eft, Theodoricus, Clodomeris, Childebertus, Clotarius, Regnum ejus æquo ordine inter fe diviferunt. Sortitus eft fedem Theodoricus Metis : Clodomeris, Aurelianis, &c. *Chron. S. Benig. Divion. in Spicil. gio. tom. 1. pag. 363.*

Clodovæus primus Rex Francorum Chriftianus obiit, & quatuor Filii ejus Theodoricus, Chlodomirus, Childebertus, & Chlotarius Regnum ejus inter fe æqualiter diviferunt. *Chron. S. Medardi Sueffionenfis. Ibid. tom. 2. p. 781.*

Defuncto igitur Chlodovecho Rege, quatuor Filii ejus, id eft Theudericus, Chlodomeris, Childebertus atque Chlothacharius Regnum ejus accipiunt, & inter fe æquâ lance dividunt. Habebat jam tunc Theudericus filium nomine Theudebertum, elegantem atque utilem. *Gregor. Turon. lib. 3. cap. 1.*

Quatuor filii Chlodovei, id eft, Theudericus, Chlodomeres, Childebertus, & Chlotarius, Regnum ejus æquo ordine inter fe diviferunt. *Gregor. Turon. Hift. Francor. Epitomata num. 30.*

[C] Denique anno VIII. Regni fui, cùm (Dagobertus) Auftriam regio cultu circumiret, mæftufque effet nimiùm, eò quòd filium, qui poft eum regnaret, minimè habere potuiffet : quemdam puellam nomine Ragnetrudem, ftratui fuo afcivit, de quâ eo anno, largiente Domino, habuit Filium multis precibus atque eleemofynarum largitionibus adquifitum. *Gefta Dagoberti Regis. Duchefne tomo 1. Hiftor. Franc. pag. 579.*

Rex fiquidem Dagobertus, dum circuiret Auftrafiam nono anno Regni fui, puellam quamdam Ragnetrudem, vultûs elegantiâ laudabilem, genere etiam inter Auftrafios non ignobilem, cum Regii cultûs honore, *uxorem fibi junxit*, quæ, Deo ita volente, eodem anno ei Filium genuit, quem facro fonte regeneratum Sigebertum nominavit. *Vita Sigeberti Regis. Duchefne tomo. 1. Hiftor. Franc. pag. 592.*

Les

Les Princes légitimez se sont servis de l'autorité de Gregoire de Tours, pour prouver que Deuterie [D] étoit une maîtresse; mais si ceux qui leur donnent des Memoires, avoient voulu lire dix lignes de plus, ils auroient vû que cet Historien dit positivement que Theodebert épousa Deuterie; ce qui fait présumer que son mari l'avoit repudiée suivant l'usage du tems.

Il est vrai que les cruautez de Deuterie engagerent la Nation de presser le Roy de la repudier, & qu'il épousa Visigarde, qu'il avoit fiancée du vivant de son pere, *Visigardem desponsaverat,* suivant Gregoire de Tours.

L'Auteur des Memoires a apparemment ignoré que le terme *desponsare* signifie, non un mariage effectif, mais des fiançailles; car le même Gregoire de Tours [E] parlant du mariage contracté sept ans aprés avec Visigarde, dit, *Visigardem duxit uxorem.* En 533 il la fiance, *desponsaverat;* en 540 il l'épouse, *duxit uxorem.*

C'est sur la foy de ces deux mariages de Deuterie & de Visigarde, que leurs enfans ont été regardez comme légitimes. Mais ce qui prouve invinciblement que tous ces Princes n'étoient pas bâtards, quoyque les Memoires les donnent pour tels; c'est qu'en même tems qu'on les appelloit à la Couronne, on en excluoit ceux dont l'état n'est point contesté, & que tout le monde convient avoir été bâtards, comme Childeric, Gothard, & Gondebaut, fils naturels de Clotaire I. & par conséquent les Bâtards ne partageoient pas avec les Enfans légitimes, même dans la premiere Race.

Gregor. Turon.
lib. 6 cap. 24. lib.
7. cap. 30 31. 34.
& 8.
Aimoinus, lib 3.
cap. 69 70
S. Marthe, Hist.
Genial. de France,
liv. 3. ch. 8.

S E C O N D E   R A C E.

P R E M I E R   E X E M P L E.

Les Princes légitimez ont affecté mal à propos de répandre du soupçon sur la naissance de Charles Martel, puisque Pepin son pere avoit épousé Alphaïde.

Les Annales de Fulde [F] inserées dans le second Tome de Duchesne, le disent précisément, de même qu'une infinité d'Historiens dont l'autorité est reconnuë par-tout.

[D] *Gregoire de Tours, liv. 3. chap. 22. dit, qu'elle vint à la rencontre du Roy,* ad occursum ejus venit : at ille speciosam eam cernens, amore ejus capitur, suoque eam copulavit stratui; *& dans le chapitre suivant, qu'il l'épousa :* Mittens posteà Arvernum Deuteriam exinde accersivit, eamque sibi *matrimonio sociavit.*

[E] Cumque jam septimus annus esset, quòd Visigardem desponsatam haberet, & eam propter Deuteriam accipere nollet, conjuncti Franci contra eum valdè scandalizabantur, quare sponsam suam relinqueret. Tunc commotus, relictâ Deuteriâ, de quâ parvulum filium habebat Theodobaldum nomine, Visigardem duxit uxorem. *Greg. Turon. lib. 3. cap. 27.*

[F] Hujus Filius Carlus ex Alticide, quam posthabitâ priore conjuge Valtrude duxit uxorem, sub honore Major-Domatûs tenuit Regnum Francorum annis xxvii. *Ann. Fuldenses tomo 2. Hist. Franc.*

Igitur præfatus Pipinus aliam duxit uxorem nobilem & elegantem, nomine Alpheidam, ex quâ genuit Filium, vocavitque nomen ejus linguâ propriâ Carlum, crevitque puer elegans, atque egregius factus est. *Fredegar. contin. num. 103.*

Plectrudis Pipini quondam uxor, Carolum ex uxore alia Pipini Filium captum tenuit, sed auxiliante Domino vivus evasit. *Fragmentum de Major-Domus Franciæ. Tomo 2. Hist. Franc. pag. 2.*

Et ipse Pipinus Brevis de uxore suâ Alpaïde genuit Carolum Martellum. *Vita Caroli Magni à Monac. S. Eparchii Engolism. Tomo 1. Hist. Franc. pag. 69.*

Pipinus Filius Anchisi Dux Francorum . . . . moritur . . . . Hujus Filius Karlus ex Alheide quam

F

SECOND EXEMPLE.

On ne devoit pas parler de Hugues, fils naturel de Charlemagne ; il eut le titre de Duc de Bourgogne, qui ne signifioit alors que Gouverneur, & n'emportoit point de proprieté.

TROISIE'ME EXEMPLE.

Bernard fils de Pepin Roy d'Italie, n'a pas regné en France, ni partagé avec Loüis le Debonnaire. L'Empereur Charlemagne pere de Pepin & de Loüis le Debonnaire, avoit conquis la Lombardie, & l'avoit donnée à Pepin avec le titre de Roy. Ce Prince mourut en 810 ; Charlemagne gouverna ce Royaume par lui-même jusqu'en 812. qu'il le donna à Bernard à titre de bienfait ; & à la priere de Louis le Debonnaire, mais pour en joüir sous la souveraineté de la Couronne de France. Il ne l'eut donc pas à titre de succession de Pepin son pere, quoiqu'il n'eût laissé aucuns enfans légitimes.

On a vû dans la troisiéme Partie, que Bernard a laissé une nombreuse posterité, & qu'aucun de ses descendans ne reclama la Couronne lors de l'élection de Hugues Capet ; d'où l'on peut conclure avec Belleforest, *que nul ne peut montrer par une Histoire autentique, que pas un des Bâtards de Charlemagne ait porté le Titre Royal, ni ait été avancé aux Etats.*

Dira-t on encore aprés ces exemples, que les Loix faites par Charlemagne & Loüis le Debonnaire contre les Bâtards, n'avoient pas lieu contre ceux des Rois.

QUATRIE'ME EXEMPLE.

Loüis le Begue fils de Charles le Chauve, avoit épousé Ansgarde sans l'aveu de son pere : *Habuit..... Ansgardem sibi conjugii fœdere copulatam sine genitoris consensu.* Il en eut deux fils, Loüis & Carloman. Il n'y avoit point lors de Loy qui déclarât nuls de tels mariages ; neanmoins au bout de dix ans Charles le Chauve son pere le força à la répudier, *ab ipso patre ei postmodum interdicta* ; à promettre sous la foy du serment qu'il ne la reprendroit jamais, *interposito jurisjurandi sacramento ab ejus consortio in perpetuum separata* ; & à épouser Adelaïde, *tradita est ei ab eodem patre Adelaïdes in matrimonium* [G].

Ces deux mariages ont été regardez comme légitimes ; Loüis & Carloman succederent à leur Pere, & quelques années aprés eurent pour successeur Charles le Simple leur frere, fils d'Adelaïde.

posthabitâ priore conjuge Waltrude duxit uxorem, sub honore Major-Domatûs tenuit Regnum Francorum annis XXVII. *Ann. seu Gesta Francor. ab anno* 714 *ad* 885. *ex collect. P. Pithœi.*

Tunc Plectrudis uxor Pipini Vetuli cepit per ingenium Carolum-Martellum, Filium Pipini supradicti de alia uxore Calpiade, qui dum sub custodiâ tenebatur, auxiliante Domino, vix evasit. *Chron. Alemani Chesanensis in Biblioth. Phil. Labbe Soc. Jes. tomo* 2.

Pipinus ex uxore sua Alpiade, genuit Carolum-Martellum. *Geneal. Caroli magni inserta in Chron. Aben ari.*

Habebatque Pipinus Princeps Filium ex aliâ uxore nomine Alpaïde, Carolum nomine, virum elegantem, strenuum atque utilem. *Chron. Trevirense.*

Habuit quoque præfatus Princeps Pipinus filium ex aliâ uxore, nomine Carolum, virum elegantem egregium atque utilem. *Amoinus, lib.* 4. *cap.* 48

[G] Ludovicus Rex, Filius Caroli, ab hac luce subtractus est. Habuit autem, cùm adhuc juvenilis ætatis flore polleret, quamdam puellam nobilem, nomine *Ansgardam* sibi conjugii fœdere co-

CINQUIE'ME EXEMPLE.

Arnoul Bâtard de Carloman Roy de Baviere, n'a pas été Roy de France, ni même Roy de Baviere.

Carloman son pere étant mort sans enfans légitimes, Louis son frere lui succeda, & donna à Arnoul la Carinthie. Cependant Charles le Gras regnoit en France. La foiblesse de son esprit y entretenoit les troubles qui l'agitoient depuis long-tems, & sa mort l'augmenta. Comme il ne laissoit aucun enfant légitime, chacun des Grands tâchant à s'emparer de quelque partie de ses Etats, Arnoul n'obmit rien pour se faire appeller à la Couronne de France. Il avoit été appellé par les Grands du Royaume pour en prendre l'administration [H] pendant la maladie de Charles; ils le rejetterent pour Roy aprés sa mort. Mezeray en rend la raison. *Il y avoit*, dit il, *tant de Grands également puissans & ambitieux, qui croyoient bien valoir un Bâtard.*

Mezeray, Regne de Charles le Gras, à la fin.

Ses efforts furent plus heureux ailleurs. Il se fit élire Roy de Germanie, & sçut conserver un Royaume qu'il ne devoit point au droit prétendu de sa naissance [I], mais au choix libre de la Nation.

Si les Bâtards avoient eu droit à la succession au défaut des fils légitimes, Charles le Gras auroit eu pour successeur, Bernard son fils naturel [K], mais on ne lui fit aucune part ni des Etats, ni des autres biens de son Pere.

Voila donc dans Arnoul & dans Bernard deux exemples qui prouvent que les Bâtards ne succedoient pas à leurs peres, même au défaut d'enfans légitimes.

Au reste, on seroit obligé aux Auteurs des Memoires des Princes légitimez, s'ils faisoient voir par de bonnes preuves, que sur la fin de la seconde Race, la Germanie, la Baviere & la Lorraine faisoient partie de la Monarchie Françoise, les Historiens contemporains nous les reprefentant toûjours, comme en étant demeurez separez depuis le partage des fils de Louis le Debonnaire.

---

pulatam, ex quâ duos liberos suscepit. Horum unus *Ludovicus*, alter *Carlomannus* vocabatur. Sed quia hanc sine genitoris conscientia & voluntatis consensu suis amplexibus sociaverat, ab ipso patre ei postmodùm interdicta, & interposito juris-jurandi sacramento, ab ejus consortio in perpetuum separata. Tradita est autem eidem ab eodem patre *Adeleidis* in matrimonium, quam gravidam ex se reliquit idem Rex, cùm obiret: Quæ tempore pariendi expleto, enixa est puerum, cui nomen avi imposuit, eumque Carolum vocitari fecit. *Regno, ad annum 888.*

[H] Cernentes Optimates Regni non modò vires corporis, verùm etiam animi sensus ab eo diffugere, Arnolphum filium Carlomanni ultrò in regnum attrahunt..... ipse verò compositis in Francia feliciter rebus, in Bajoariam revertitur. *Regino, ibid. pag.*

[I] Post cujus mortem, dit *Reginon*, Regna, quæ ejus ditioni paruerant, veluti legitimo destituta hærede, in partes à suo compage resolvuntur, & jam non naturalem Dominum præstolantur, sed unum quodque de suis visceribus Regem sibi creari disponit, *non quia Principes Francorum deessent*, sed quia inter ipsos æqualitas generositatis, dignitatis & potentiæ discordiam augebant, nemine tantùm cæteros præcellente, ut ejus Dominio reliqui se submittere dignarentur: Multos enim idoneos Principes ad Regni gubernacula moderanda Francia genuisset, nisi fortuna eos æmulatione virtutis in perniciem mutuam armasset. *Regino, ibid pag. 63. 64.*

[K] Dirigit etiam Bernardum filium quem ex pellice susceperat, cum xeniis, eumque ejus fidei commendat. *Ibid. pag 63. C'est tout ce qu'il recüeillit de la succession de son Pere.*

SIXIE'ME EXEMPLE.

Premier Memoire des Princes légitimez.

Le même Arnoul n'ayant point d'enfans légitimes, fit reconnoître Zuintibold & Baxold ses fils naturels, pour ses successeurs, en cas qu'il n'eût point de fils de la Reine son épouse.

1°. Ce fait n'a d'application qu'au Royaume de Lorraine, qui ne faisoit plus partie du Royaume de France.

2°. Lorsque la premiere fois Arnoul *voulut faire Zuintibold Roy de Lorraine, en une Diete tenuë à Vvormes, les Seigneurs du pays s'y opposerent ; mais depuis en l'an 849, soit qu'il les eût pratiquez ou menacez, ou pour autre cause, ils le reçûrent.*

Zuintibold tenoit donc le droit de succeder au Royaume de Lorraine, du consentement & de la volonté des Grands du Royaume.

Il resulte de tous ces exemples, qu'il n'y a aucun Bâtard ni dans la premiere, ni dans la seconde Race, qui ait exercé des droits successifs à la Couronne de France. [1]

Le partage des Bâtards des Rois étoit lors communément ou le Cloître, ou l'état Ecclesiastique *. Le Clergé avoit peine à les y admettre, & encore aujourd'huy ils sont exclus du Sacré College.

* Pepin le Bossu, Drogon ou Dreux & Thierry, enfans naturels de Charlemagne. Hugues fils de Lothaire Roi de Lorraine. Roricon ou Ricuin Evêque de Laon, Foucaut ou Foucher Evêque de Soissons, enfans de Charles le Simple : Arnoul Archevêq. de Reims, fils du Roi Lothaire.

TROISIE'ME RACE.

Les Princes du Sang rappelleront icy, ce qu'ils ont observé dans la troisiéme Partie, que les descendans de Bernard, au nombre de quatre freres, tous trés-puissans, ne reclamerent point le droit de leur naissance lors de la mort de Louis V, & qu'au contraire ils favoriserent l'élection de Hugues Capet.

Ce fait prouve invinciblement, que même au défaut des descendans légitimes de Charlemagne, les descendans des Enfans naturels de sa Race, n'ont pas été appellez à la Couronne, lorsque la seconde Race a fini, & que la troisiéme a commencé. Ainsi, de l'aveu même des Princes légitimez, cet usage doit servir de loy pour exclure les Enfans naturels des Rois.

Sur quel fondement les Princes légitimez prétendent-ils donc, qu'il faut une loy particuliere d'exclusion dans la troisiéme Race, contre les Enfans naturels, dés qu'il est certain par les exemples, qu'aucun Bâtard, reconnu constamment pour tel, n'a succedé au Royaume de France, ni dans la premiere, ni dans la seconde Race, même au défaut de tous les Princes du Sang ?

D'ailleurs les Princes légitimez ne doivent pas ignorer, que la loy de

---

1 Un autre usage, dit le P. Daniel, regarde la succession des fils naturels des Rois, même au défaut des fils légitimes ; ensorte que la succession, au préjudice des fils naturels, passe aux collateraux, en gardant l'ordre des degrez de parenté. Cette coûtume avoit déja lieu en France sous la seconde Race, ou aucun Bâtard, reconnu constamment pour tel, ne succeda à la Couronne. On pouvoit contester à Louis & à Carloman, successeurs de Louis le Begue, la qualité d'Enfans légitimes de ce Prince ; mais il y avoit aussi de grandes raisons en leur faveur. Ainsi l'affaire étant douteuse, & leur parti ayant prévalu, ils passerent pour légitimes. Hugues Capet ne statua rien non plus là dessus, & ne fit que suivre l'usage déja établi, en faisant l'unique Successeur de la Couronne, son fils légitime Robert, sans donner aucune part dans sa succession, à Gauslin son fils naturel, qui fut Abbé de Fleury, & Archevêque de Bourges. *Le P. Daniel, Histoire de France.*

l'Etat

l'Etat n'appelle à la Couronne, que les Enfans des Rois, de maſle en maſle, & que tout ce qui n'y eſt pas appellé, en eſt exclus. Tous les François ſont également exclus de la Couronne, par le choix qu'ils ont fait d'une Famille pour regner ſur eux, tant qu'il y aura des maſles legitimes deſcendans de celui à qui ils ont deferé la Couronne.

On ne préſumera pas que les Princes légitimez puiſſent ſoûtenir, que les Enfans naturels légitimez ſoient compris ſous le terme general d'*Enfans*; car rien n'aſſure la verité de leur naiſſance. Les Lettres de legitimation ne renferment qu'une ſimple reconnoiſſance en faveur de ces Enfans, que la bonne foy, l'amour propre, ou une complaiſance aveugle pour une Maîtreſſe, font avoüer pour tels [M]. Il n'en eſt pas de même des Enfans nez dans le ſein du mariage; la ſageſſe de la Loy ſupplée à tout, en ne reconnoiſſant pour pere, que celui que le mariage preſente.

Certus promit
eſt quem novis
demonstrans Cert-
us quodam modo
eſt is, quem com-
binatus demon-
ſtrat. Cujacius,
Nov. 18.

PREMIER EXEMPLE
DE LA TROISIE'ME RACE.

Philippe Comte de Mantes étoit Bâtard du Roi Philippe I & de Bertrade, ſuivant le Memoire des Princes légitimez; mais ils ont bien voulu ſe cacher à eux-mêmes ou au public, que Philippe & Bertrade (femme du Comte d'Anjou) avoient chacun à leur égard fait caſſer leur mariage, & que l'un & l'autre étoient libres lorſqu'ils s'épouſerent à Paris en préſence des Evêques & des Grands qui étoient à la Cour.

Il eſt vrai qu'Yves de Chartres ne crut pas ce mariage légitime, & qu'il en écrivit pluſieurs fois au Pape; ce qui cauſa beaucoup de troubles dans le Royaume, & donna lieu à pluſieurs Conciles en France Enfin le Roy Philippe obtint l'abſolution des Excommunications prononcées contre luy, & Bertrade mourut en poſſeſſion de ſon Etat & du titre de Reine.

Louis le Gros fils de Philippe I, combla de bienfaits ce Comte de Mantes, qui les oublia dans la ſuite, pour n'écouter que ſon ambition. Il ſe ſouleva contre ſon Souverain; mais aprés avoir engagé dans ſon parti Amaury de Monfort, Foulques Comte d'Anjou, & pluſieurs Grands du Royaume, il fut pris dans Mehun ſur Yevre: le Roy le priva de ſes biens, & luy fit grace de la vie.

Suger rapporte ces évenemens en Hiſtorien fidele. Il parle du prétexte

---

[M] On ne doit admettre à la ſucceſſion, que ceux qui ſont nez d'un mariage conforme aux Loix du Pays. Par-là les Enfans naturels ou Bâtards en ſont exclus, quand même le Pere les auroit aimez auſſi tendrement que ſes Enfans legitimes; car on regarde avec mépris, du moins parmi les Nations un peu polies, ceux qui ſont nez d'une mere à qui leur pere n'a pas fait l'honneur de l'épouſer dans les formes, & avec qui il a eu un commerce de galanterie, plûtôt qu'une veritable liaiſon de ſocieté. Outre que ces ſortes de femmes n'ont point donné la foy de mariage à celui à qui elles ont accordé leurs faveurs, & qu'elles ne demeurent pas continuellement avec luy, on ne peut pas être bien aſſuré qui eſt le Pere des Enfans qu'elles mettent au monde. Or il eſt tres-important pour le bien des Royaumes, que l'on ait du reſpect pour la perſonne des Rois; que l'on puiſſe connoître, avec toute la certitude poſſible, le legitime heritier de la Couronne, pour éviter toute conteſtation à cet égard. Delà vient qu'en certains Pays les Reines accouchent, pour ainſi dire, en public, de peur que l'on ne les ſoupçonne d'avoir ſuppoſé quelque Enfant. *Puffendorf, liv. 7. ch. 7. §. XII. de la tradiction de Barbeirac.*

Non ſuccedunt, *dit Grotius*, niſi qui nati ſunt ſecundùm patriæ leges: non naturales tantùm qui ad contemptum patent, quorum matrem pater juſto conjugio dignatus non eſt, & præterea quia minùs certi habentur; ac in regnis expedit populo habere magnam certitudinem, quæ haberi poteſt, ad vitandas controverſias; ſed nec adoptivi, quia nobilitas generis verè regii magis venerandos efficit Reges, magiſque de eis ſpes concipitur. *Grotius de jure Belli & Pacis. lib. 2. cap.*

G

de cette révolte du Comte de Mantes, qui soûtenoit qu'au défaut d'Enfans mâlles de Loüis le Gros, la Couronne de France le regardoit.

Besly, Histoire des Comtes de Poitou & de Guyenne.

L'Auteur N qui a fait deux Differtations fur la validité du mariage de Philippe I avec Bertrade, ne fait nul doute que Suger n'ait parlé en cet endroit du Comte de Mantes, comme d'un fils légitime.

Mais s'il ne convient pas aux Princes légitimez que Suger ait regardé le Comte de Mantes comme légitime, on peut leur dire que ce n'eft pas le grand homme d'Etat, ni le parfait Religieux qui parle, c'eft un Hiftorien qui rapporte les raifons de ce Prince ambitieux, pour foûtenir fa révolte. Nous mettrons le public en état d'en juger par luy-même en citant ce paffage tout entier, & dont les Princes légitimez n'ont rapporté qu'une partie. O

L'état du Comte de Mantes n'étoit point inconnu à cet Hiftorien; car en parlant de la prétention de Guillaume le Roux Roy d'Angleterre, concurrent du Comte de Mantes fils de Bertrade, il dit que ce Roy comptoit pour rien les Enfans de Philippe & de Bertrade, qui ne pouvoient fucceder à Loüis le Gros.

La même chofe peut arriver dans les fiecles à venir. Un Hiftorien fidele qui rapportera l'évenement qui donne lieu au prefent differend, ne manquera pas de marquer les prétentions des Princes légitimez pour la fucceffion à la Couronne; mais cette mention ne formera pas un titre légitime pour les Enfans naturels.

Une fimple reflexion fur l'état de la Maifon Royale du tems de Suger, achevera de détromper ceux qui auroient pû prendre ce paffage dans le fens que les Princes légitimez y donnent.

Voyez la Genealogie.

Dans le tems de la révolte du Comte de Mantes, il y avoit quatre Princes du Sang, Raoul Comte de Vermandois, Henry Comte de Chaumont, freres, coufins germains de Loüis le Gros; Eudes Duc de Bourgogne, & Henry Comte de Portugal, iffus de germain de ce Roy. Si Loüis le Gros étoit mort fans Enfans, la Couronne auroit appartenu de droit à

N En troifiéme lieu, Philippe & Florent, Enfans du lit du Roy & de Bertrade de Montfort, étoient tenus publiquement pour légitimes, & capables de la Couronne par le decés du Roy Louis le Gros leur frere paternel; ce qui fut caufe que ces deux jeunes Princes & leur mere, & tout leur lignage, entrerent en un merveilleux orgueil, voyant qu'au cas que le Roy vînt à mourir, l'un des freres lui fuccederoit, & tous leurs parens venant à participer à l'honneur de la Royauté, auroient un beau fujet de lever la tête. C'eft pourquoi le Prince Philippe Seigneur de Mehun fur Loire, & de Montery, ne craignit point de fe rebeller contre le Roy Louis, felon que témoigne Suger Abbé de S. Denis; lequel ayant eû la Regence du Royaume, ne doit pas être confideré comme un homme ignorant les affaires d'Etat. Le même Auteur, en un autre endroit de fon Hiftoire, attefte que les Princes Philippe & Florent pouvoient fucceder au Roy Loüis; ce qu'ils n'euffent pû, fuivant les loix du Royaume, s'ils n'euffent été légitimes & nez fous un jufte mariage, qui n'eût été légitime, s'il n'y eût eu une féparation felon les loix, de Bertrade de Montfort, d'avec Foulques Rechin Comte d'Anjou fon premier mary. *Befly, Hift. des Comtes de Poitou & de Guyenne.*

O Mater etiam his omnibus potentior, viragoque faceta & eruditiffima illius admirandi muliebris artificii, quo confueverunt audaces fuis etiam laceffitos injuriis maritos fuppeditare, Andegavenfem priorem maritum, licet thoro omninò repudiatum, ita mollificaverat, ut eam tanquam Dominam veneraretur, & fcabello pedum ejus fæpius refidens, ac fi præftigio fieret, voluntati ejus omninò obfequeretur. *Hoc etiam unum, & matrem & filios, & totam efferebat progeniem, ut fi de Regis ruina quacumque occafione contingeret, alter fratrum fuccederet, & tota confanguinitatis linea ad folium Regni, honoris & Dominii participatione cervicem gratantiffimè erigeret.* Cùm igitur præfatus Philippus crebro fubmonitus, auditionem & judicium curiæ fuperbæ refutaffet, de prædationibus pauperum, contritione Ecclefiarum, totius etiam pagi diffolutione Rex laceffitus, illuc, licèt invitus, properavit, ut cùm fæpius tam frater quàm fui fortiffima militum manu multâ jactantiâ repulfam promififfent, fe ipfos etiam à caftro timidi abfentaverunt. *Suger in Vita Ludov. Groff.*

l'aîné de ces Princes ; car fuivant même les prétentions des Princes légitimez, qui difent que les Bâtards ne doivent fucceder à la Couronne dans
la troifiéme Race, qu'au défaut de tous les Princes du Sang, elle n'auroit jamais pû être déferée au Comte de Mantes à leur exclufion.

Il n'eft donc pas poffible que Suger, qui étoit bien inftruit des loix de
l'Etat, ait penfé que la Couronne eût appartenu au Comte de Mantes
comme Bâtard, au cas que Loüis le Gros n'eût point d'Enfans.

C'eft donc en vain que les Princes légitimez ont eu recours à cet exemple, à moins qu'ils ne veüillent infinuer (fans ofer le dire) que ce Bâtard
auroit fuccedé à la Couronne, au préjudice de ces quatre Princes du
Sang.

SECOND EXEMPLE.

L'exemple des Enfans de Philippe Augufte eft cité par les Princes légitimez, avec peu d'exactitude ; car il y a une difference effentielle entre
un Prince déclaré & reconnu légitime, & des Princes légitimez par des
Lettres.

Le mariage de Philippe Augufte avec Ingeburge de Dannemark, avoit
été déclaré nul par un Jugement de l'Archevêque de Rheims Légat du
S. Siege, à caufe qu'ils étoient parens au cinquiéme degré, qui étoit lors
prohibé (la reftriction au quatriéme degré n'ayant été faite que depuis
par le Concile de Latran.)

Trois ans aprés la diffolution de ce mariage, Philippe Augufte époufa
Agnez de Meranie. Ce fecond mariage fut folemnifé dans les formes,
& Philippe en eut un Fils & une Fille, avant que le Pape eût caffé comme nulle dans la forme, le Sentence qui avoit annullé le premier mariage,
& eût défendu au Roy de fe remarier.

Philippe reprit de lui-même Ingeburge ; mais voulant affûrer l'état légitime de fes Enfans nez fous la foy du mariage avec Agnez de Meranie,
il s'adreffa au Pape Innocent III. dont les cenfures duroient encore, &
auroient pû faire douter de leur état.

Le Pape fe rendant aux raifons du Roy, aux inftances des Evêques de
France, aux defirs des peuples, & à la bonne foy du fecond mariage, re-
connut ces deux Enfans légitimes, parce qu'ils étoient nez pendant le mariage, avoüant même que cette reconnoiffance n'étoit pas neceffaire.

Les Princes légitimez abufent des termes, en difant que le Pape légi-
tima ces deux Enfans. On n'a jamais connu en France le pouvoir des Pa-
pes pour donner des Lettres de légitimation. Le Pape Innocent III. reconnoît lui-même qu'il n'avoit pas ce pouvoir ; & quand on donne cette
idée, qui ne convient ni à la verité, ni à l'autorité Royale, c'eft vouloir
abandonner les droits de la Nation, pour fe procurer un avantage particulier.

On abufe de même des termes de Rigord au fujet de cette reconnoiffance. Les Princes légitimez leur donnent un fens favorable à leur prétention, en difant que la légitimation de ces enfans déplut à beaucoup
de gens ; mais les Princes du Sang peuvent foûtenir avec plus de fondement, que la Nation fe plaignit, parce que cette reconnoiffance avoit été

Inn. III. Tom. 1.
des Preuves des
Libertez de l'Egli-
fe Gallicane, ch.
7. num. 3.

demandée au Pape [p] sans necessité & contre nos Loix.

Il est necessaire d'observer icy que Philippe Auguste ne fit pas de pareilles instances auprés du Pape en faveur de Pierre Charlot son fils naturel, parce qu'il étoit vrayment Bâtard ; tout l'avantage qu'il tira de sa naissance, fut d'être instruit aux bonnes Lettres, & d'avoir pour Précepteur le celebre Villelmus Brito, qui le rendit capable de parvenir à l'Episcopat.

Aprés tout ce détail, les Princes légitimez ne peuvent plus soûtenir, que l'exclusion des Bâtards, si bien observée dans les trois Races, ne soit pas une Loy fondamentale de l'Etat. Elle est même plus ancienne que l'indivisibilité de la Couronne, que l'inalienabilité de son Domaine, & que la reversion des Apanages au défaut d'hoirs masles. Cependant on tenteroit inutilement de soûtenir, que les Rois sont en droit de déroger à ces Loix, sous prétexte que l'usage y a été contraire pendant plusieurs siecles.

CINQUIE'ME PROPOSITION.

Que le Roy peut revoquer l'Edit de Juillet 1714. & la Declaration de 1715. dans son Lict de Justice, ou par un Edit.

Les Princes du Sang pleins de confiance sur la justice de leur demande, n'affectent aucune forme particuliere pour y faire prononcer. M. le Regent est le maître de la fixer : Telle qû'elle puisse être, les Princes du Sang en feront contens, pourvû que l'on prononce sur le fonds.

Les Princes legitimez prétendent au contraire, qu'il n'y a nul Tribunal qui puisse décider sur la révocation de l'Edit de 1714. & de la Declaration de 1715. Ils soûtiennent que le pouvoir des Rois est sans bornes, quand il s'agit de maintenir l'Edit & la Declaration qu'ils ont obtenus du feu Roi ; mais tout ce pouvoir cesse & est aneanti selon eux, dés qu'il s'agit de toucher à ces deux titres. D'où vient cette difference de conduite entre les Princes du Sang & les Princes légitimez ? On en laisse le jugement au Public.

Si le feu Roy avoit assemblé les Etats pour leur faire approuver ses dispositions en faveur des Princes légitimez, on pourroit prétendre avec quelque sorte de vrai-semblance, qu'on devroit les assembler une seconde fois, pour juger ou prononcer sur la révocation demandée par les Princes du Sang. Mais quel est le titre des Princes légitimez ? Un Edit envoyé aux Cours & registré : Un Edit qui n'a rien de plus sacré qu'une infinité d'autres dispositions qu'on révoque tous les jours ; il suffit donc d'une volonté contraire du Roi Regnant pour révoquer l'Edit du Roi son Prédecesseur.

Dans cette vûë les Princes du Sang ont demandé au Roi le Lict de Justice, de l'aveu de M. le Regent. C'est le Tribunal le plus auguste de la Nation.

[p] Quo audito, solutum est Concilium, stupefactis Cardinalibus & Episcopis qui ad divortium faciendum convenerant, & tunc Joannes de S. Paulo cum nimia erubescentia penitus recessit. Octavianus autem in Francia remansit. Et sic Philippus Rex hac vice manus Romanorum evasit. *Rigordus de Gestis Philippi-Augusti, inter Histor. Franc. tome 5. pag.* 44.

Le même Auteur dit ensuite en parlant de la reconnoissance de ces Enfans : Post mortem verò ipsius Mariæ, ad petitionem Regis Francorum Innocentius Papa III. infantes prædictos legitimos hæredes esse mandavit, & postmodum Litteris suis confirmavit. Quod factum eo tempore multis displicuit. *Ibidem.*

Les

Les Rois y appellent les Prélats, les grands Officiers de la Couronne & de leur Maison, les Gouverneurs & les Lieutenans Generaux des Provinces, les Chevaliers de leurs Ordres, ceux de la Noblesse qu'il leur plaît de choisir ; ainsi tous les Ordres du Royaume auront part au Jugement que les Princes du Sang demandent.

Les Princes légitimez prétendent que le Roi ne peut tenir son Lict de Justice à cause de sa minorité, & qu'il s'agit d'une matiere qui interesse son autorité.

Cette prétention paroîtra également insoûtenable, soit qu'on considere la justice qui est dûë aux Princes du Sang, comme à tous les Sujets du Roi, soit que l'on fasse reflexion que le pouvoir du Roi mineur ne differe en rien de celui du Roi parvenu à sa majorité.

Car peut-on soûtenir qu'il y ait un tems, ou des conjonctures dans lesquelles il ne soit pas permis aux Sujets du Roi de reclamer sa justice ? Si, suivant les anciennes maximes du Royaume, le Trône n'est jamais vacant, la Justice des Rois n'est jamais interrompuë. La perpetuité & la conservation de la Monarchie sont attachées à l'exercice de cette Justice. Les Sujets du Roi sont donc en droit d'en ressentir les effets dans tous les tems ?

La minorité du Roi ne peut servir de prétexte pour refuser la justice ; le Roi (quoique mineur) possede la plenitude de l'autorité Royale ; & comme son bas âge ne diminuë rien de l'étenduë de sa puissance, ni du respect & de l'obéïssance de ses Sujets, il ne peut faire differer l'exercice de sa Justice souveraine, qui est la partie la plus noble & la plus essentielle de la Royauté.

La seule difference entre un Roi majeur & un Roi mineur, est que la volonté du Roi majeur impose dans un Lict de Justice, au lieu que la presence d'un Roi mineur autorise seulement les suffrages des Juges, sans les gêner ni les prévenir.

Si le Roi mineur ne peut exercer la Justice par lui-même, les loix de l'Etat y ont suppléé, en lui donnant le secours & le ministere de M. le Regent, qui exerce pour le Roi & en son nom, tous les droits de l'autorité Souveraine, avec la même étenduë que le Roi le pourroit faire lui-même.

Le Parlement, qui connoît parfaitement quelle est la nature & l'étenduë de la puissance des Rois, étoit bien convaincu de ce pouvoir du Roi mineur, lorsqu'écrivant au Roi Charles IX. il use de ces termes : *Quand, Sire, vous ne seriez âgé que d'un jour, vous seriez majeur quant à la Justice, comme* *Dupuy.* *si vous aviez trente ans, puisqu'elle est administrée par la puissance que Dieu vous a donnée, & en vôtre nom.*

C'est cette Justice que les Princes du Sang reclament. M. le Regent, qui exerce l'autorité Royale doit la leur faire rendre; c'est l'obligation qu'il contracte en se chargeant de la Regence : elle fait partie du serment que les *Dupuy.* Regens prêtoient autrefois sur les saints Evangiles. Si cette forme est abolie, l'obligation de M. le Regent est toûjours la même, ainsi que son autorité.

Que l'on consulte l'exemple de toutes les Regences, on trouvera qu'on n'a jamais apporté de bornes à l'autorité des Rois mineurs, quoique cette autorité ne fût pas exercée par eux, mais par ceux que la loi de l'Etat en rendoit les dépositaires.

Le Roi saint Louis né le 25. Avril 1215, Successeur de la Couronne en

H

1226, mais qui ne fut majeur qu'en 1237. suivant l'usage de ce tems-là,* usa pendant sa minorité de tous les droits de la Royauté, par le ministere de la Reine sa mere, Regente du Royaume.

Il accorda en Avril 1226. un supplément d'appanage à Philippe Comte de Boulogne son oncle.

Il rendit en 1228. le Comté de Toulouse à Raymond ancien possesseur, quoique la proprieté en eût été acquise au Roi Louis VIII. son pere.

Ce Prince regla en 1231. avec le Duc de Bretagne les droits reciproques qui appartenoient au Roi & au Duc sur cette Province.

Il donna l'Artois en appanage à Robert de France son Frere en Juin 1237.

Charles Regent de France, pendant la prison du Roi Jean son pere, réünit au Domaine tous les dons faits par les Rois depuis le Regne de Philippe le Bel, par Declarations des 14. Avril & 9. Juillet 1357.

Charles VI. encore mineur abolit par Declaration & Edit des 16. Novembre & 10. Janvier 1380. toutes les impositions établies depuis le Regne de Philippe le Bel. On ne reprocha jamais à ce Prince, qu'il eût décidé prématurément du pouvoir des Rois ses Prédecesseurs.

Si en 1385. par un sage temperament, on remit à un autre tems la décision de la contestation formée entre la Jurisdiction Royale & la Jurisdiction Ecclesiastique, au sujet des Clercs qui portoient les Armes, ce n'est pas que Charles VI. fût mineur ; (Aux termes de l'Edit de Charles V. son pere & son prédecesseur, en 1385. il étoit majeur il y avoit trois ans) mais c'est que l'animosité des differens partis qui s'étoient formez dans l'Etat, imposoit silence aux loix, & arrêtoit le cours de la Justice.

Les Princes legitimez se sont étrangement trompés, lorsqu'ils ont voulu tirer avantage d'un Edit donné pendant la minorité de Charles IV. dont l'enregistrement porte, *per modum provisionis dumtaxat, & donec aliter fuerit ordinatum.*

Car le Parlement avoit mis la même restriction en regiſtrant l'Edit donné en 1560. par François II. majeur, & dont celui de Charles IX. étoit

l'interpretation, *per modum provisionis dumtaxat, & donec aliter per Regem fuerit ordinatum.*

Ainsi le Parlement usant de la liberté des remontrances & des modifications, qui étoient lors en usage, apporta la même modification à ces deux Edits, qui lui parurent faire un préjudice égal à la Religion Catholique.

Mais sans s'arrêter aux exemples éloignés, il suffira de reflechir sur ce qui s'est passé pendant la minorité du feu Roi, pour reconnoître qu'alors la puissance Royale fut exercée avec la même étenduë, qu'elle l'auroit pû être pendant sa majorité.

L'Arrêt rendu par le Roy dans son lict de justice le 18. May 1643. ne changea-t-il pas une partie des conditions prescrites pour la Regence, par l'Edit de Louis XIII. enregistré un mois avant son decès ?

Ne rétablit-on pas par l'Edit du mois d'Aoust 1643. la Charge de Colonel General de l'Infanterie Françoise, supprimée par Louis XIII ?

N'en usa-t-on pas de même par l'Edit de création du mois de May 1645. de la Charge de Grand Voyer de France, supprimée sous le Regne precedent.

Les Edits de 1650. & 1651. pour la réunion de plusieurs Domaines à la Couronne, celui de Mars 1651. pour l'échange de la Souveraineté de Sedan avec des Domaines de la Couronne, ne furent-ils pas donnez avant la majorité du feu Roi? Loüis XIV. a donc usé pendant sa minorité, de toute la plenitude de la puissance Royale.

N'a t-on pas suivi la même route depuis sa mort? Combien de changemens pour l'avantage de l'Etat? Est-il tombé dans l'esprit, que le Roi mineur ne pût pas, suivant les besoins & l'interêt public, revoquer des Edits, faire des suppressions, abolir des impôts?

Le Testament du feu Roi n'a t-il pas souffert des changemens, que le bien de l'Etat & la loi du Sang demandoient en faveur de M. le Duc d'Orleans? Cependant ce Testament avoit été soûtenu par un Edit enregistré.

Le pouvoir des Rois devenu sans bornes, en abolissant l'usage des remontrances, n'est-il pas à present plus conforme aux loix de l'Etat, depuis que le Roi les a rétablies? A t-on pensé que le Roi n'ait pû donner cet Edit, parce qu'il s'agissoit de borner son pouvoir? Ce que le Roi a fait contre lui même, il ne le pourra donc plus, quand il s'agira de détruire un droit donné aux Princes légitimez, contre la loi la plus inviolable de l'Etat?

Pour faire remettre à la majorité, la décision du differend dont il s'agit, les Princes légitimez se servent de la Déclaration donnée sur quelques distinctions que les Pairs prétendent au Parlement; mais ils ne peuvent ignorer que l'on n'a jugé que la provision, & que cette même Déclaration n'empêche pas M. le Regent de décider le fonds, s'il le juge à propos; les raisons particulieres qui font differer cette décision, n'ont nul rapport à l'autorité du Roi pendant sa minorité.

En vain les Princes légitimez alleguent-ils, que les Rois ne tenant leurs licts de Justice que pour manifester leur volonté, jamais les Sujets n'ont été reçûs à les demander.

Le Roi Philippe le Bel ne tint-il pas son Lict de Justice en 1310. pour le jugement d'une contestation d'entre les Habitans de Conches, & le Duc de Bourgogne? *Du Tillet, page 35.*

Le Roi Charles V. le tint aussi le 9. Février 1378. pour juger le procès criminel intenté à la requête de M. le Procureur General, contre le Comte de Montfort? *Page 53.*

Charles VI. pour le procès criminel intenté par le Connétable de Clisson, contre Pierre de Craon. *Page 59.*

Charles VIII. en tint un en 1492. pour le Jugement d'une séparation entre un mari & une femme. *Page 76.*

L'affaire des Princes du Sang est du moins aussi importante pour l'Etat, que celles qui ont donné lieu à ces differens Licts de Justice, & les Princes du Sang ne peuvent se persuader que le Parlement doute du pouvoir du Roi en cette occasion si importante, pour maintenir les Loix de l'Etat.

Si les Princes du Sang s'étoient déclarez dans le Parlement contre l'Edit de 1714. le lendemain de la mort du Roi, ou au Lict de Justice, comme les vœux publics le demandoient, aucun des Juges auroit-il douté de son pouvoir pour connoître de ce differend? Auroit-on osé alleguer le deffaut de pouvoir dans la Personne du Roi, de M. le Regent, & dans le Parlement? C'étoit une occasion bien favorable pour rappeller l'execution des Loix fon-

damentales du Royaume, que le Parlement n'avoit pas eu la liberté d'observer lors de l'enregistrement de l'Edit de 1714.

Qu'est-il donc survenu de nouveau qui ait changé, ou aneanti cette
autorité, dont personne ne doutoit alors? Si les Princes du Sang n'avoient
pas donné parole à M. le Regent, de garder le silence en ces deux occa-
sions, ils ne se verroient pas obligez aujourd'hui de dissiper les doutes formez par l'interêt des Princes légitimez, sur l'autorité & le pouvoir du Roi
& du Parlement.

Les Princes du Sang en attestent la foy de M. le Regent, s'ils ne lui dé-
clarerent pas qu'ils étoient dans la résolution de reclamer contre l'Edit &
contre la Déclaration dés le lendemain de la mort du Roi : mais ce Prince
les engagea à en suspendre l'execution pour ne pas troubler ce qui regardoit
la Regence, les assurant en même-tems qu'il leur rendroit justice, & qu'il
les laisseroit agir quand ils voudroient, sans que leur silence pût leur faire
aucun préjudice.

Si ce Prince a déclaré dans la suite, que ne s'étant pas opposé pendant la
vie du feu Roi, à ce qu'il a fait en faveur des légitimez, &c. il a parlé comme un sage Regent, qui ne prend point de parti, pour être Juge de ce differend, & qui sçait bien même, qu'en qualité de Regent & de légitime
Administrateur de l'autorité Royale, il ne peut être regardé comme
Partie interessée, ni comme récusable. Il joüit en cela du droit du
Souverain qu'il represente.

Le Roi peut encore porter dans son Lict de Justice, un Edit qui expli-
que ses volontez, pour les faire reconnoître par tous les Ordres de l'Etat,
réunis dans cet auguste Tribunal.

Charles IX. tint un Lict de Justice en 1563. dans sa minorité, pour l'enregistrement d'un Edit d'aliénation des biens Ecclesiastiques.

Le feu Roi en tint trois pendant sa minorité, un en 1645. & deux en
1648 pour l'enregistrement d'Edits que la Reine Regente jugea necessaires.

Mais les Princes légitimez qui apprehendent toute forme de jugement,
soûtiennent que le Roi ne peut donner un Edit, parce que la plûpart de ceux
qui composent le Conseil de Regence, sont aussi parties dans cette affaire.

Les Princes légitimez ont donc oublié, que M. le Regent peut appeller
au Conseil de Regence, telles personnes qu'il lui plaît. On ne doit donc
pas apprehender que M. le Regent manque de Conseil pour cette affaire,
non plus que pour les autres affaires de l'Etat.

S'il convient mieux au Roi de donner un Edit, & de l'envoyer au Parlement, sur quel pretexte les Princes légitimez pourront-ils le combattre?
Le Roi depuis son Regne n'a-t-il pas fait usage de son autorité, dans cette
forme? & en a-t-on douté jusqu'à present?

Les Princes légitimez veulent ils que la Nation se persuade, que l'autorité & le pouvoir du Roi doivent être sans force, lorsqu'il s'agira de leurs
interêts?

Ils alleguent que le Parlement a enregistré l'Edit de 1714. & la Déclaration de 1715. sans reclamation, sans remontrances, & d'un consentement
unanime. Si cela est aussi gravé dans le cœur des Juges, que les Princes légitimez le prétendent, que craignent-ils de l'évenement du Jugement? Ce sont
presque tous les mêmes Juges; s'ils persistent dans les sentimens, que les

Memoires

Memoires leur attribuent, les Princes légitimez doivent attendre leur jugement sans crainte, & même le souhaiter avec empressement.

Les Princes du Sang s'en remettent à l'honneur & à la conscience des Juges ; ils sçavent mieux que personne, s'ils ont été libres lors de l'enregistrement de l'Edit & de la Déclaration.

Les Princes du Sang déclarent qu'eux-mêmes ne furent pas libres dans leurs opinions, que la crainte de déplaire au Roi, les obligea d'aller au Parlement & de consentir à tout. Ils ne rougissent pas de cette obéïssance, elle étoit prudente dans la conjoncture. De plus ils étoient persuadez que leur âge portoit avec lui une excuse légitime, & que leur consentement apparent ne pouvoit faire aucun tort aux interêts de la Nation ; chacun de ceux qui la composent, étant en droit de se plaindre un jour, de ce qu'on entreprenoit de lui ôter la liberté de concourir à l'élection d'un Roi, si tous les Princes du Sang venoient à manquer.

Mais si les fins de non-recevoir contre les Princes du Sang, sont aussi fortes qu'elles le paroissent aux Princes légitimez ; si l'enregistrement de l'Edit de 1714. & de la Déclaration de 1715. éteint tout le droit & tous les moyens des Princes du Sang, il faut du moins des Juges pour le décider.

Les Princes du Sang s'en remettent encore à Messieurs les Gens du Roi, de ce qu'ils ont pensé sur l'Edit de 1714. lorsque le Roi les manda pour leur déclarer ses volontez, & qu'il leur fit assez connoître que la résistance n'auroit pas été de son goût. Les représentations de ces sages Magistrats ne renfermoient-elles pas les remontrances les plus fortes, si le feu Roi avoit voulu les entendre ? Et pouvoient-ils mieux s'expliquer sur cette grace extraordinaire, qu'en disant au Roi, *Qu'une disposition de cette nature touchoit une matiere si elevée, & étoit d'une si grande conséquence, qu'ils ne pouvoient douter qu'il n'y eût fait toutes les reflexions que sa profonde sagesse pouvoit lui inspirer ; & qu'au surplus si le merite donnoit un droit à la Couronne, personne ne pouvoit y aspirer plus justement au défaut des Princes du Sang, que ceux qu'il honoroit de son choix.*

Ces reflexions qui se concilioient avec le profond respect qu'un grand Roi pouvoit exiger, marquent assez que la Couronne n'est pas à la disposition des Rois, & que si les Princes légitimez pouvoient y aspirer par leur merite, ils en étoient exclus par leur naissance : Mais le Roi n'écoutoit alors que son amour pour les Princes légitimez, & le desir de faire executer ses volontez.

C'est à Messieurs les Gens du Roy à déclarer eux-mêmes leurs sentimens. Ils auront la liberté de s'expliquer sur ce qu'ils ont laissé entendre lors de leurs representations en 1714. Ils s'expliqueront sur *le second ordre de successeurs à la Couronne*, *substituez* au défaut de ceux à qui la naissance a donné le droit de monter sur le Thrône. Ils diront ce qu'ils ont pensé des ordres & des volontez absoluës du Roy, repetées dans leurs discours, lors de l'enregistrement de cet Edit. Ils rappelleront les Loix pour la succession à la Couronne. Ils examineront sur ces regles, l'Edit & la Déclaration.

Les Princes du Sang ne recuseront jamais leurs suffrages. Ils ne demandent qu'un Tribunal, où tous les Juges puissent s'expliquer avec la liberté qui convient à leur ministere ; & il leur suffit que leur cause soit celle de l'Etat, pour être persuadez que le Parlement (l'Interprete des Loix de la Monarchie, & le Défenseur des droits du Thrône) ne s'écartera jamais des maximes inviolables dont le dépôt lui est confié.

I

Mais de ces formes de Jugement, les Princes du Sang n'en préferent aucune, & ils se rapportent à la sagesse de Monsieur le Regent de prescrire celle qu'il voudra choisir.

Les Princes du Sang lui réïterent leur déclaration, qu'ils seront contens de tout, pourvû qu'on juge le fonds de leur differend. Ils ont assez fait connoître leur veritable interêt pour demander la révocation de l'Edit & de la Déclaration accordez aux Princes légitimez. Ils en portent leurs plaintes au Roy, pour que Sa Majesté en décide avec tous les Ordres du Royaume appellez au Parlement, ou par un Edit. Que peut-on souhaiter de plus des Princes du Sang? Peuvent-ils mieux marquer leur respect & leur soumission à l'autorité du Roy, pendant que les Princes légitimez refusent absolument de la reconnoître?

Les Princes du Sang representeront seulement qu'ils auroient sujet de se plaindre, si le Tribunal de la Justice, ouvert à tous les Sujets du Roy, se trouvoit fermé pour eux seuls, quand ils ont tant d'interêt de faire révoquer un Edit & une Déclaration, qui les blessent dans ce qu'ils ont de plus cher : C'est l'avantage d'être seuls Princes du Sang, & en cette qualité seuls habiles à succeder à la Couronne, qu'ils défendront avec la fermeté que demande une affaire, où leur honneur se trouve si sensiblement interessé.

Ainsi les Princes du Sang esperent que leur demande étant conforme aux Loix du Royaume & à l'honneur de la Nation, tout concourera pour trouver le moyen d'anéantir l'Edit de 1714, & la Déclaration de 1715, qui les ont violez.

IMPRIMÉ PAR ORDRE DES PRINCES DU SANG,
le premier Fevrier 1717.

LETTRES
DE LEGITIMATION

Accordées

PAR LES ROIS

HENRY QUATRE

ET

LOUIS QUATORZE.

En faveur de leurs Enfans naturels.

LETTRES DE LEGITIMATION

DE CESAR DE VENDOSME.

EXTRAIT DES REGISTRES DE PARLEMENT.

ENRY PAR LA GRACE DE DIEU, ROY DE FRANCE
ET DE NAVARRE: A tous prefens & avenir: SALUT. Nous
eftimons pouvoir véritablement dire, avoir autant que nul des
Rois nos Prédéceffeurs, travaillé pour la confervation, le bien
& le repos de cet Etat, lequel de defolé qu'il étoit, & proche d'une
quafi inévitable ruïne, quand il eft tombé entre nos mains, l'on
a vû que Nous l'avons relevé, & par la grace de Dieu tantôt rétabli en fon ancienne force & dignité, n'ayant à ce épargné non-feulement nôtre labeur, mais
nôtre Sang & nôtre vie, que Nous avons fouvent prodigalement expofée aux oc-
cafions qui s'en font offertes, tant que nulle efpece de peine & de péril ne Nous
a été inexperimentée, & neanmoins avec tant de zéle & d'affeétion envers cette
Couronne, que tout Nous a été facile & fupportable ; ce qui Nous a fait efperer
que cette vertu & force fera hereditaire à tous les Nôtres, & tout ce qui proviendra
de Nous, naîtra & croîtra avec cette même intention envers cet Etat. C'eft
pourquoy Nous avons d'autant plus defiré d'avoir Lignée, & en laiffer aprés Nous
en ce Royaume ; Et puifque Dieu n'a pas encore permis que Nous en ayons en
lcgitime Mariage, pour être la Reine nôtre Epoufe depuis dix ans feparée de
Nous, Nous avons voulu en attendant qu'il Nous veüille donner des Enfans qui
puiffent legitimement fucceder à cette Couronne, rechercher d'en avoir d'ailleurs
en quelque lieu digne & honorable, qui foient obligez d'y fervir, comme il s'en
eft vû d'autres de cette qualité, qui ont trés bien merité de cet Etat, & y ont
fait de grands & notables fervices. Pour cette occafion ayant reconnu les grandes graces & perfeétious tant de l'efprit que du corps, qui fe retrouvent en la
perfonne de nôtre chere & bien aimée la Dame Gabrielle d'Eftrées, Nous l'a-
vons puis quelques années recherché à cet effet, comme le Sujet que Nous avons
jugé & connu le plus digne de nôtre amitié : *Ce que Nous avons eftimé pouvoir faire*
avec moins de fcrupule & charge de confcience, que Nous fçavons que le Mariage qu'elle
avoit auparavant contraété avec le Sieur de Liancourt, étoit nul, & fans avoir ja-
mais eû aucun effet, comme il s'eft juftifié par le jugement de la féparation & nullité
dudit Mariage, qui s'en eft du depuis enfuivy ; Et s'étant ladite Dame aprés nos
longues pourfuites, & ce que Nous y avons apporté de nôtre autorité, condef-
cendu à Nous obéïr & complaire ; & ayant plû à Dieu Nous donner puis n'a-
gueres en Elle un Fils, qui a jufques-à-prefent porté le nom de Céfar Monfieur,
outre la charité naturelle & affeétion paternelle que Nous luy portons, tant pour
être extrait de Nous, que pour les fingulieres graces que Dieu & la nature luy
ont départies en fa premiere enfance, qui font efperer qu'elles luy augmenteront avec l'âge, & provenant de telle Tige qui produira un jour beaucoup de
fruit à cet Etat, Nous avons refolu en l'avoüant & reconnoiffant nôtre Fils naturel, luy accorder & faire expedier nos Lettres de Legitimation ; *Cette grace*
luy étant d'autant plus neceffaire, que le défaut en fa progeniture l'excluant de toute pré-
tention en la fucceffion, non-feulement de cette Couronne & de ce qui en dépend, mais auffi

de celle de nôtre Royaume de Navarre, & de tous nos autres biens & revenus de nôtre autre Patrimoine, tant échûs que ceux qui pourront écheoir, il demeureroit en très mauvaise condition, s'il n'étoit par ladite Legitimation rendu capable de recevoir tous les dons & bienfaits qui luy seront faits tant par Nous que par autres; Comme c'est bien nôtre intention de luy en départir autant qu'il en convient pour soûtenir l'honneur & la dignité de la Maison dont il est issu. POUR CES CAUSES, ayant sur ce que dessus eu l'avis des Princes de nôtre Sang, & autres Princes, des Officiers de la Couronne, & autres des Principaux de nôtre Conseil, avons de nôtre certaine science, pleine puissance & autorité Royale, avoüé, dit & déclaré, avoüons, disons & déclarons par ces Presentes signées de nôtre main, ledit César nôtre Fils naturel, & iceluy légitimé & légitimons, & de ce titre & honneur de Legitimation, decoré & decorons par cesdites Presentes; Voulons & octroyons que doresnavant en tous Actes & honneurs tant en Jugement que hors il soit tenu, censé & reputé Légitime, & qu'il puisse, quand il sera en âge, ou autre pour luy pendant sa Minorité, acquerir en cestuy nôtre Royaume tels biens, meubles & immeubles que bon luy semblera, & d'iceux ordonner & disposer, soit par Testament, Codicile & ordonnance de derniere volonté, donnation faite entre vifs ou outrement, ainsi qu'il luy plaira, & qu'il puisse aussi apprehender & recüeillir tous les dons, bienfaits & gratifications qui lui pourront être faites par Nous & tous autres, dont Nous l'avons rendu & rendons capable par cesdites Presentes: Ensemble de pouvoir tenir telles Charges, Etats, Dignitez & Offices, desquelles il pourra tant par Nous que nos Successeurs Rois, être honoré, l'ayant à ce habilité & dispensé, habilitons & dispensons par cesdites Presentes, sans que de tout ce que dessus il luy puisse être fait, mis, ni donné aucun empêchement pour quelque cause & occasion que ce soit, dérogeant de nôtre grace speciale à toutes Ordonnances qui pourroient être à ce contraires. SI DONNONS EN MANDEMENT à nôtre Cour de Parlement & Chambre de nos Comptes à Paris faire lire, publier & enregistrer lesdites Presentes selon leur forme & teneur, & du contenu en icelles faire joüir & user ledit César Monsieur, pleinement & paisiblement, nonobstant comme dessus; Et afin que ce soit chose ferme & stable à toûjours, Nous avons fait mettre nôtre Scel à cesdites Presentes, sauf en autres choses nôtre droit, & l'autruy en toutes. DONNE' à Paris au mois de Janvier l'An de grace mil cinq cens quatre vingt quinze, & de nôtre Regne le sixiéme. Ainsi signé, HENRY. Et sur le reply, PAR LE ROY. FORGET. Et à côté, Visa, & Scellez sur lacs de soye rouge & verte en cire verte du grand Scel.

Regiftrées, Oüy sur ce le Procureur General du Roy, à Paris en Parlement le troisiéme jour de Février l'An mil cinq-cens quatre-vingt quinze. Signé, DU TILLET.

Collationné, Signé, DUNOYER.

LETTRES
DE LEGITIMATION
EN FAVEUR D'ALEXANDRE
FILS DE GABRIELLE D'ESTRE·ES,
DUCHESSE DE BEAUFORT.

EXTRAIT DES ORDONNANCES ROYAUX.

Avril
1599. **H**ENRY PAR LA GRACE DE DIEU, ROY DE FRANCE ET DE NAVARRE: A tous prefens & à venir : SALUT : Les mêmes raifons & confiderations que Nous avons uës d'accorder cy devant à nôtre cher & bien amé fils naturel Cefar Duc de Vendôme, de Beaufort & d'Etampes, Pair de France : Et nôtre bien amée auffi Fille, Henriette legitimée de France, nos Lettres de legitimation, lefquelles ont efté approuvées & verifiées en nos Cours de Parlement & Chambre des Comptes où elles ont efté prefentées, fe retrouvants pareilles en la perfonne de nôtre cher & bien amé Alexandre nôtre fecond Fils auffi naturel, que Nous avons eû depuis en la perfonne de feuë nôtre tres - chere & bien amée Coufine Gabrielle d'Etrées, Ducheffe de Beaufort, tant pour eftre de même extraction de pere & de mere, *ladite Dame Ducheffe de Beaufort lors foluë & non mariée*, que pour y avoir auffi bon fujet de bien efperer dudit Alexandre nôtre Fils, & qu'il fera un jour utile au bien & fervice de cet Etat, fe reconnoiffant en cette premiere enfance tous bons fignes & indices de force & de courage : Lefquels, avec la bonne inclination naturelle qui doit par raifon être en luy, & inftruction avec laquelle nous le ferons nourrir & élever, proviendront avec l'aide de Dieu à quelque bon effet eftant auffi maintenant, depuis qu'il a plû à Dieu appeller à luy nôtre Coufine la Ducheffe de Beaufort fa mere, plus particulierement obligé d'avoir foin de luy, comme eft nôtre intention, Nous avons refolu, en l'advoüant & reconnoiffant nôtre Fils naturel, luy accorder & faire expedier nos Lettres de legitimation : *cette grace luy eftant d'autant plus neceffaire que le deffaut en fa progeniture l'excluant de toute pretention en les fucceffions, non feulement de cette Couronne & de ce qui en dépend, mais auffi de celle de noftre Royaume de Navarre & de tous nos autres biens & revenus, de notre ancien Patrimoine, tant échus, que ceux qui pourront échoir, il demeureroit en tres - mauvaife condition, s'il n'eftoit par la legitimation rendu capable de recevoir tous les dons & bienfaits qui luy feront faits, tant par Nous, que par autres :* comme c'eft bien nôtre intention de lui en départir autant qu'il en convient pour foûtenir l'honneur & la dignité de la Maifon dont il eft iffu : POUR CES CAUSES, ayant fur ce que deffus eû l'avis des Princes de nôtre Sang, & autres Princes, des Officiers de la Couronne & autres des principaux de nôtre Confeil : Avons de nôtre certaine fcience, pleine puiffance & autorité royale, avoüé, dit & declaré, avoüons, difons & declarons par ces Prefentes fignées de nôtre main, ledit Alexandre nôtre fils naturel, & icelui legitimé & legitimons, decoré & decorons par cefdites prefentes , Voulons & octroyons que dorénavant en tous Actes & Honneurs , tant en jugement que dehors, il foit tenu, cenfé & reputé legitime, & qu'il puiffe, quand il fera en âge, ou autre pour lui, pendant fa Minorité, acquerir en cettuy nôtre Royaume , tels biens meubles & immeubles que bon lui femblera , & d'iceux ordonner & difpofer, foit par Teftament, Codicile & ordonnance de derniere volonté, donnations faites entre-vifs ou autrement, ainfi qu'il luy plaira, & qu'il puiffe auffi apprehender & recüeillir tous les dons, bienfaits & gratifications qui pourront luy être faites par Nous & tous autres, dont Nous l'avons rendu & rendons capable par cefdites Prefentes : Enfemble de pouvoir tenir telles Charges, Etats, Dignitez & Offices defquelles il pourra tant par Nous que par nos Succeffeurs Rois, être honoré, l'ayant habilité & difpenfé, habilitons & difpenfons par cefdites Prefentes, fans que de tout ce que deffus il luy puiffe être fait ou donné aucun empêchement pour quelque caufe ou occafion que ce foit, dérogeant de nôtre grace fpeciale à toutes Ordonnances qui pourroient être à ce contraires. SI DONNONS EN MANDEMENT à nos Cours de Parlement & Chambre des Comptes à Paris , faire lire, publier & enregiftrer cefdites Prefentes felon leur forme & teneur, & du contenu en icelles faire joüir & ufer ledit Alexandre Monfieur, pleinement & paifiblement, nonobftant comme deffus ; Et afin que ce foit chofe ferme & ftable à toûjours, Nous avons fait mettre nôtre Scel à cefdites Prefentes : Sauf en autre chofe nôtre droit & l'autruy en toutes. DONNE' à Fontainebleau au mois d'Avril l'An de grace mil cinccens quatre-vingt dix-neuf, & de nôtre Regne le dixième. Signé, HENRY. Et fur le reply, PAR LE ROY , FORGET ; Et à côté Vifa : & Scellées fur lacs de foye rouge & verte en cire verte du grand Scel.

Regiftrées , Oüy le Procureur General du Roy , à Paris en Parlement le cinquième Jour de May l'An mil cinq-cens quatre-vingt dix-neuf. Collation a été faite avec fon Original.

Extrait des Ordonnances Royaux.
Collationné, *Signé*, DUNOYER.

LETTRES
DE LEGITIMATION
EN FAVEUR DE GASTON DE FOIX,

Fils de CATHERINE HENRIETTE DE BALZAC,
Marquise de Verneüil.

EXTRAIT DES ORDONNANCES ROYAUX.

Fevrier 1603.

HENRY, PAR LA GRACE DE DIEU, ROY DE FRANCE ET
DE NAVARRE : à tous prefens & à venir : SALUT. L'affection vers
nos Enfans étant chofe naturelle, tant pour ce qu'ils font une partie tres-
fenfible de nous-mêmes, qu'à caufe de la vie que en eux & leurs defcendans Nous nous confervons & perpetuons ; nul ne pourra eftimer que tres-
loüable le foin & defir que Nous avons de fubvenir & pourvoir *au défaut de la
naiffance contre la rigueur & feverité des Loix civiles,* à nôtre tres-cher & tres-
amé Fils naturel, que Nous entendons être nommé GASTON DE FOIX, né &
iffu de Nous, & de nôtre tres-chere & tres-amée Catherine-Henriette de Balzac,
Marquife de Verneüil ; *attendu que par tel obftacle étant déchû des fucceffions, tant des
Couronnes de France & de Navarre, que de tout nôtre ancien Patrimoine, échû &
à écheoir ; fa condition feroit tres-pitoyable, s'il ne lui étoit permis de joüir en ce
Royaume des Grades & Dignitez tres convenables, à l'honneur qu'il a d'être iffu de
Nous ; & pour icelui maintenir, recevoir les bienfaits dont Nous entendons le gratifier,
& tant iceux, que autres qu'il pourra acquerir, faire paffer à fes fucceffeurs.* POUR
ces caufes, defirant en tant qu'il eft en Nous, de favorifer & meliorer la condition
de nôtredit Fils, *& lui lever & ôter tous empêchemens, objections & difficultez,
qui fe pourroient prefenter au contraire à caufe du défaut de fa naiffance ;* après
avoir eu fur ce l'avis des Princes de nôtre Sang, & autres Officiers de nôtre Couronne, & principaux Seigneurs de nôtre Confeil, de nôtre certaine fcience, grace
fpeciale, pleine puiffance, & autorité Royale ; avons déclaré & avoüé, déclarons &
avoüons par ces Prefentes fignées de nôtre main, ledit Gafton, Marquis de Verneüil, nôtre Fils naturel ; & icelui legitimé & legitimons, & du titre de legitimation
décoré & décorons : voulons & ordonnons que dorefnavant en tous actes, foit en Jugement, ou dehors, il foit tel tenu, cenfé & reputé ; & comme tel, il puiffe tenir &
exercer toutes Charges, Grades, Etats, Dignitez, Offices, Benefices, Fonctions publiques, avec les honneurs, droits, prerogatives, & prééminences qui y appartiennent ; avoir & poffeder tous autres biens, tant meubles qu'immeubles, dont il Nous
plaira le gratifier, & qu'il pourra acquerir par quelque titre que ce foit : *Et fpeciale-
ment lui octroïons de pouvoir recueillir la fucceffion de ladite Dame fa mere, &
des parens d'icelle, pourvû qu'il foit de leur confentement ;* & de tous les biens par
lui acquis, ou qui lui adviendront, ordonner à fa volonté en faveur de qui que ce
foit par toutes fortes de difpofitions legitimes, foit entre vifs, ou à caufe de mort ;
*& de même que fes Enfans & Defcendans procréez en legitime mariage lui puiffent
fucceder, fans que par la mort fefdits biens puiffent être par Nous & nos Succeffeurs Rois, prétendus, pourvû qu'il n'y ait autre caufe que le défaut de fon origine.*
Et à tout ce que deffus l'avons habilité & difpenfé, habilitons & difpenfons par ces
Prefentes, fans que à l'avenir il lui foit donné pour ce regard directement ou indirectement, aucun empêchement au contraire, impofant fur ce filence à nôtre Pro-

cureur General, & à tous autres nos Officiers, & dérogeant de nôtre propre mouvement, grace, & autorité speciale, à tous Edits, Ordonnances, Loix, Statuts, Droits,
& Constitutions generales & locales de nôtre Royaume, ensemble aux derogatoires
des derogatoires y contenuës qui pourroient être au contraire. Et voulant autant
qu'il est en Nous, reciproquement donner toute la satisfaction qu'il se peut & doit à
ladite Dame Henriette de Balzac; comme elle a rendu de sa part tout le témoignage
de sa bonne volonté envers nôtredit Fils qui se pouvoit desirer d'une bonne mere,
lui ayant tres-volontiers déferé la succession; pour ces causes, outre ce que l'avons
cy-devant chargé d'avoir le soin & de la personne de nôtredit Fils, & de ce qui le
peut concerner, avons estimé tres-juste & tres-raisonnable d'en faire une plus ample
déclaration, la faisant participer selon le merite de son affection, aux biens qui pourroient cy-aprés appartenir à nôtredit Fils. POUR ces causes, aprés avoir eu sur ce
l'avis desdits Princes, Officiers de nôtre Couronne, & principaux de nôtre Conseil,
avons liberalement accordé & accordons à ladite Dame Henriette de Balzac qu'elle
joüisse dès à present de tous les droits & prerogatives de Bail & Garde-noble, & durant le temps y prescrit elle ait l'entiere, libre & pleine administration, & regime de
tous les fruits & revenus, tant meubles, que immeubles qui appartiendront à nôtredit Fils, ne se pouvant trouver personne qui y apporte plus de soin & fidelité. Voulons aussi, & Nous plaît, que arrivant le decès de nôtredit Fils sans hoirs legitimes
procreez de lui, ladite Dame sa mere lui succede par usufruit en tous sesdits
biens, meubles & immeubles, soit de nôtre vivant, ou aprés, renonçant en sa faveur pour raison dudit usufruit, à tous droits que Nous y pourrions prétendre, &
en tant que besoin seroit, lui en faisons don dès à present, *levant & ôtant toutes
difficultez & empêchemens à ce contraires, & mêmement en ce que la disposition
de la Coûtume ne correspondroit pas entierement à nôtre presente intention, à*
quoi de nôtre grace speciale, pleine puissance, & autorité royale, Nous avons dérogé & dérogeons par ces Presentes; *la proprieté desdits biens, meubles & immeubles appartenant à nôtredit Fils lors de son decès reservée à nôtre disposition,
pour être par Nous départis à celui, ou ceux de nos Enfans que verrons être bon,
& aprés nous nôtre tres cher & bien amé Fils le Dauphin nôtre successeur en
disposera au profit de nosdits Enfans, comme il verra être à faire pour le mieux.*
Si mandons à nôtre Cour de Parlement & Chambre de nos Comptes à Paris, de
faire lire, publier, & enregistrer ces Presentes selon leur forme & teneur, & de tout
le contenu en icelles circonstances & dépendances, faire joüir, & user pleinement
& paisiblement ladite Dame de Balzac, & nôtredit Fils, nonobstant comme dessus.
Et afin que ce soit chose ferme & stable à toûjours, Nous avons fait mettre nôtre
Scel à cesdites Presentes. CAR tel est nôtre plaisir. Donné à Paris au mois de Fevrier, l'an de grace mil six cens trois, & de nôtre Regne, le quatorziéme. *Signé,*
HENRY. *Et sur le repli :* Par le Roy, POTIER. *A côté*, Visa : & scellées
sur lacs de soye rouge & verte du grand scel.

*Registrées, oüi le Procureur General du Roy. A Paris en Parlement le dix-hui-
tiéme jour de Janvier, l'an mil six cens trois.* Signé, DU TILLET.

Signé, DU NOYER, & Collationné.

LETTRES
DE LEGITIMATION
EN FAVEUR
D'ANTOINE COMTE DE MORET,
Fils de JACQUELINE DE BEUIL, Comtesse de Moret.

EXTRAIT DES ORDONNANCES ROYAUX.

Janvier 1608.

HENRY PAR LA GRACE DE DIEU, ROY DE FRANCE ET DE NAVARRE : A tous presens & à venir : SALUT. Il n'y a chose si chere que l'affection des Peres envers leurs Enfans , que là nature a gravée au vif en l'ame d'un chacun , comme partie tres- pure & tres-noble d'eux- mêmes , ausquels & en leurs Descendans, Nous conservons nôtre vie & perpetuons nôtre memoire. C'est pourquoi nul ne pourra estimer que tres - noble & tresdigne le soin & le desir que Nous avons de subvenir & pourvoir au *défaut de la naissance* , *contre la rigueur & severité des Loix Civiles* , à nôtre tres-cher & bien-amé Fils naturel, qu'entendons être nommé ANTOINE COMTE DE MORET, né & issu de Nous, & de nôtre tres-chere & bien amée Jacqueline de Beüil Comtesse de Moret ; *ce que Nous avons estimé pouvoir faire avec moins de scrupule & charge de conscience , que Nous sçavions que le mariage qu'elle avoit auparavant contracté avec le Sieur de Harlay Seigneur de Chesy , étoit nul. & sans jamais avoir eu aucun effet, comme il s'est justifié par le Jugement de separation & nullité dudit mariage qui s'en est depuis ensuivi ;* & s'étant ladite Dame condescenduë à Nous complaire , & ayant plû à Dieu de Nous donner puis n'agueres en elle un Fils , auquel outre l'affection paternelle & charité naturelle que Nous lui portons, tant pour être issu de Nous que de ladite Dame , issuë des deux côtez des plus grandes & illustres Maisons de ce Royaume, qui ont tenu & tiennent encore à present des plus grandes Charges en cet Etat, que pour les singulieres graces que Dieu & la nature lui ont départies en sa jeunesse, qui nous font esperer qu'elles lui augmenteront avec l'âge ; *attendu que par tel obstacle étant déchû des successions, tant des Couronnes de France & de Navarre. que de tout nôtre ancien patrimoine échû & à écheoir , sa condition seroit trespitoyable , s'il ne lui étoit permis de joüir en ce Royaume des Grades & Dignitez convenables à l'honneur qu'il a d'être issu de Nous ; & pour icelui maintenir , recevoir les bienfaits dont Nous entendons le gratifier , & tant ceux que autres qu'il pourra acquerir , faire passer à ses successeurs.* Pour ces causes, desirant entant qu'il est à Nous de favoriser & méliorer la condition de nôtredit Fils , *& lui lever & ôter tous empêchemens , objections , & difficultez qui se pourroient presenter au contraire à cause de sa naissance ;* après avoir eu sur ce l'avis des Princes de nôtre Sang , autres Princes & Officiers de nôtre Couronne , & principaux Seigneurs de nôtre Conseil , de nôtre certaine science , grace speciale , pleine puissance & autotité Royale, avons déclaré, avoüé, déclarons & avoüons par ces Presentes, signées de nôtre main , ledit Antoine Comte de Moret nôtre Fils naturel, & icelui legitimé & legitimons , & de ce titre de Legitimation décoré & décorons : Voulons & ordonnons que dorénavant en tous Actes, soit en Jugement ou dehors, il soit tel tenu, censé & réputé , & comme tel il puisse tenir & exercer toutes Charges , Grades , Dignitez & Prééminences qui y appartiennent , avoir & posseder tous autres biens tant meubles qu'immeubles, dont il Nous plaira le gratifier, & qu'il pourra acquerir par quelque titre que ce soit; *& specialement lui octroyons de pouvoir recueillir la succession de la Dame sa mere & des parens d'icelle, pourvû que ce soit de leur consentement*, & de tous les biens par lui acquis & qui lui adviendront, ordonner à sa volonté en faveur de qui que ce soit par toutes sortes de dispositions legitimes, soit entre-vifs ou à cause de mort. *& même que ses enfans & descendans procréez en legitime mariage lui puissent succeder, sans que par la mort sesdits biens puissent être par Nous & nos successeurs . . . ois, prétendus, pourvû qu'il n'y ait autre cause que le défaut de sa naissance;* & à tout ce que dessus l'avons habilité & dispensé, habilitons & dispensons par ces Presentes, sans qu'à l'avenir il lui soit donné pour ce regard directement ou indirectement aucun empêchement à ce contraire, imposant sur ce silence à nôtre Procureur General & à tous nos amez Officiers, & dérogeant de nôtre propre mouvement, grace & autorité spéciale à tous Edits, Ordonnances, Loix & Constitutions generales & locales de nôtre Royaume, ensemble aux dérogatoires y contenuës qui pourroient être à ce contraires. Et voulant autant qu'il est à Nous réciproquement donner toute la satisfaction qui se peut & doit à la Dame Jacqueline de Beüil, comme elle a rendu de sa part tout le témoignage de sa bonne volonté envers nôtredit Fils, qui se pourroit desirer d'une bonne mere, lui ayant tres-volontiers déferé la succession, outre ce que l'avons cy-devant chargée d'avoir le soin de la personne de nôtredit Fils, & de ce qui le peut concerner, avons estimé tres-juste & raisonnable d'en faire une plus ample déclaration, la faisant participer selon le mérite de son affection, aux biens qui pourroient cy-aprés appartenir à nôtredit Fils. Pour ces causes, aprés avoir eu sur ce l'avis desdits Princes du Sang, Officiers de nôtre Couronne, & principaux de nôtre Conseil, avons liberalement accordé & accordons à ladite Dame Jacqueline de Beüil, qu'elle jouïsse dés à present de tous les droits & prerogatives de Bail & Gardenoble, & durant lesdits temps elle ait l'entiere, libre, pleine administration & regence de tous les fruits & revenus tant meubles qu'immeubles qui appartiendront à nôtredit Fils, ne se pouvant trouver personne qui y apporte plus de soin & de fidelité : Voulons aussi & Nous plaît, qu'advenant le décès de nôtredit Fils, sans hoirs legitimes procréez de lui, ladite Dame sa mere lui succede par usufruit en tous sesdits biens, meubles & immeubles, soit de nôtre vivant ou aprés, renonçant en sa faveur pour raison dudit usufruit à tous droits que Nous pourrions prétendre, & en tant que besoin seroit, lui en faisons don dés à present, *levant & ôtant toute difficultez & empêchemens à ce contraires, & mêmement en ce que la disposition de la Coûtume ne correspondroit pas en ce à nôtre intention;* à quoi de nôtre grace spéciale, pleine puissance & autorité Royale, Nous avons dérogé & dérogeons par ces Presentes, *la proprieté desdits biens meubles & immeubles appartenans à nôtredit Fils, lors de son decès réservée à nôtre disposition, pour être par Nous départi à celui ou à ceux de nos Enfans que verrons être bon; & aprés Nous nôtre tres-cher & tres-amé Fils le Dauphin nôtre successeur en disposera au profit de nosdits Enfans, comme il verra être à faire pour le mieux.* Si mandons à nôtre Cour de Parlement & Chambre de nos Comptes à Paris, de faire lire, publier, enregistrer ces Presentes selon leur forme & teneur, & de tout le contenu d'icelles, circonstances & dépendances faire jouïr, user pleinement & paisiblement ladite Comtesse de Moret & nôtredit Fils, nonobstant comme dessus. Et afin que ce soit chose ferme & stable à toûjours, Nous avons fait mettre nôtre scel à cesdites Presentes : Car tel est nôtre plaisir. Donné à Paris au mois de Janvier l'an de grace mil six cens huit, & de nôtre Regne le dix-neuviéme. *Signé*, HENRY. *Et sur le repli*, Par le Roy, De LOMENIE. *A côté*, Visa. Et icellées sur lacs de soye rouge & verte, en cire verte, du grand scel.

Registrées, oüi le Procureur General du Roy, pour joüir par ladite Dame de Beüil Comtesse de Moret, & ledit Comte de Moret, de l'effet & contenu. A Paris en Parlement le vingt deuxième jour de Fevrier, l'an mil six cens-huit. Signé, DU TILLET. *Collation a été faite à son Original. Signé*, DU TILLET.

Collationné, PAYEN. *Signé*, DU NOYER.

LETTRES
DE LEGITIMATION

DE LOUIS-AUGUSTE Duc du Maine, LOUIS-CESAR Comte de Vexin, & LOUISE-FRANÇOISE de Nantes.

EXTRAIT DES ORDONNANCES ROYAUX.
Decembre 1673.

LOUIS PAR LA GRACE DE DIEU, ROY DE FRANCE ET DE NAVARRE : A tous prefens & à venir : SALUT. La tendreffe que la nature Nous donne pour nos Enfans, & beaucoup d'autres raifons qui augmentent confiderablement en Nous ces fentimens, Nous obligent de reconnoître Louis-Augufte, Louis-Cefar, & Louife-Françoife, & leur donner des marques publiques de cette reconnoiffance. Pour affûrer leurs états, Nous avons eftimé neceffaire d'expedier à cet effet nos Lettres Patentes pour déclarer nôtre volonté; à quoi Nous nous portons d'autant plus volontiers, que Nous avons lieu d'efperer qu'ils répondront à la grandeur de leur naiffance, & aux foins que Nous faifons prendre de leur éducation. A CES CAUSES, & autres confiderations à ce Nous mouvans, de l'avis de nôtre Confeil, & de nôtre certaine fcience, pleine puiffance & autorité Royale, Nous avons par ces Prefentes fignées de nôtre main, déclaré & déclarons lefdits Loüis-Augufte, Louis-Cefar, & Louife-Françoife, nos Enfans naturels : *Voulons & entendons qu'ils foient nommez ; fçavoir, ledit Louis-Augufte, Duc du Maine; Louis-Cefar, Comte de Vexin; & ladite Louife-Françoife de Nantes;* Et de nôtre même puiffance & autorité, Nous les avons legitimé & legitimons; & du titre de legitimation, décoré & décorons lefdits Louis-Augufte, Duc du Maine; Louis-Cefar, Comte de Vexin; & Louife-Françoife de Nantes : Voulons, Ordonnons & Nous plaît, que cy-aprés, tant en Jugement, que hors d'icelui, & en tous autres Actes particuliers & publics, ils foient tenus, cenfez & réputez, comme Nous les tenons, cenfons & réputons pour legitimez; & qu'à cette fin ils puiffent & leur foit loifible de tenir & poffeder en nôtre Royaume toutes Charges, Etats, Dignitez & Benefices, enfemble tous & chacuns les biens meubles & immeubles qu'ils pourront cy-aprés acquerir, ou qui leur pourront être donnez & délaiffez, foit par Nous ou par tous autres, par Donation, Teftament, Inftitution ou autrement, & difpofer de tout, foit en faveur de leurs heritiers ou autres, en quelque forte & maniere que ce foit ou puiffe être, tout ainfi que s'ils étoient nez en vray & loyal mariage ; *Et joüir par nofdits Enfans naturels de tous tels & femblables Droits, Facultez & Privileges, dont les Enfans naturels & legitimez des Rois nos Predeceffeurs, ont accoûtumé de joüir & ufer en nôtre Royaume :* Si donnons en Mandement à nos amez & feaux Confeillers, les Gens tenans nôtre Cour de Parlement à Paris; & auffi à nos amez & feaux, les Gens tenans la Chambre de nos Comptes audit lieu; que ces Prefentes ils ayent à regiftrer, & du contenu en icelles faire joüir nofdits Enfans naturels, nonobftant tous Edits, Ordonnances, Declarations, Arrêts & Reglemens; Coûtumes & Ufages à ce contraires, aufquels Nous avons dérogé & dérogeons par ces Prefentes : CAR tel eft nôtre plaifir. Et afin que ce foit chofe ferme & ftable à toûjours, Nous avons fait mettre le feel à nofdites Prefentes. Donné à Saint Germain en Laye, au mois de Decembre, l'an de grace mil fix cens foixante-treize, & de nôtre Regne le trente-uniéme. *Signé,* LOUIS. Et fur le repli, par le Roy, COLBERT.

Regiftrées, oüi ce requerant le Procureur General du Roy, pour être executées felon leur forme & teneur. A Paris en Parlement, le vingtiéme Decembre mil fix cens foixante-treize. Signé, JACQUES.
Par la Chambre, DONGOIS, & Collationné.

LETTRES

DE

SUCCESSION RECIPROQUE,

ENTRE Louis Auguste de Bourbon, Duc du Maine ; Louis-Cesar de Bourbon, Comte de Vexin ; Louise-Françoise de Bourbon, et Louise-Anne de Bourbon.

EXTRAIT DES ORDONNANCES ROYAUX.

Janvier 1680.

LOUIS PAR LA GRACE DE DIEU, ROY DE FRANCE ET DE NAVARRE : A tous presens & à venir : SALUT. Par nos Lettres Patentes des mois de Decembre mil six cens soixante-treize, & Janvier mil six cens soixante-seize, enregistrées en nôtre Cour de Parlement & Chambre des Comptes de Paris, Nous avons légitimé Louis-Auguste, Duc du Maine ; Louis-Cesar, Comte de Vexin ; Louise-Françoise de Nantes, & Louise-Marie-Anne de Tours, freres & sœurs, nos Enfans naturels, & leur avons accordé tous les honneurs & tous les droits, dont les Enfans naturels & légitimez peuvent joüir, & entre lesquels Nous entendons comprendre le lien civil, qui les rende capables, leurs Enfans & Descendans d'eux en légitime mariage, de succeder les uns aux autres ; & afin que nôtre volonté soit certaine, & pour leur donner de nouvelles marques de nôtre tendresse paternelle, Nous avons jugé à propos de leur faire porter le surnom de Bourbon, & au surplus d'y pourvoir par ces Presentes : A CES CAUSES, & autres considerations à ce Nous mouvans, après avoir le tout communiqué à aucuns de nôtre sang, & plus notables personnes de nôtre Conseil, de leur avis, & de nôtre propre mouvement, grace & liberalité speciale, pleine puissance & autorité Royale, ajoûtant ausdites Lettres de légitimation : *Avons déclaré & déclarons nôtre vouloir & intention, que nosdits Enfans naturels légitimez, portent le surnom de Bourbon ; & outre, que lesdits Louis-Auguste de Bourbon, Duc du Maine ; Louis-Cesar de Bourbon, Comte de Vexin ; Louise-Françoise de Bourbon, & Louise-Marie-Anne de Bourbon, freres & sœurs, soient capables de succeder, même ab intestat, les uns aux autres ; comme aussi avons declaré & déclarons les Enfans & Descendans en legitime mariage, desdits Louis-Auguste, Louis Cesar, Louise-Françoise, & Louise-Marie-Anne de Bourbon, capables de succeder les uns aux autres, selon l'ordre des successions legitimes ; ce que Nous voulons avoir lieu à l'égard desdits Louis-Auguste, Louis-Cesar, Louise-Françoise & Louise-Marie Anne de Bourbon, & de leurs Descendans, tant pour les biens qu'ils ont reçus, & recevront de nôtre liberalité, que pour ceux qu'ils pourront acquerir d'ailleurs ;* dérogeant à toutes Loix, Ordonnances & usages à ce contraires. SI DONNONS EN MANDEMENT à nos amez & feaux Conseillers, les gens tenans nôtre Cour de Parlement, & Chambre des Comptes à Paris, que ces Presentes ils ayent à faire lire, publier & enregistrer, & du contenu en icelles, joüir, user pleinement & paisiblement, lesdits Loüis-Auguste, Louis-César, Louise-Françoise, & Louise-Marie-Anne de Bourbon, nos Enfans & leurs Descendans en légitime mariage, sans permettre ni souffrir y être apporté aucun trouble ni empêchement quelconque, nonobstant tous Edits, & choses à ce contraires, ausquels Nous avons presentement dérogé & dérogeons par ces Presentes : CAR tel est nôtre plaisir ; Et afin que ce soit chose ferme &

ſtable à toûjours, Nous avons fait mettre nôtre Scel à ceſdites Preſentes. DONNE'
à Saint Germain en Laye, au mois de Janvier, l'an de grace mil ſix cens quatre-
vingt, & de nôtre Regne le trente-ſept. *Signé*, L O U I S; *Et plus bas*, P A R
L E R O Y, C O L B E R T. Et ſcellé du grand Sceau de cire verte en lacs de ſoye
rouge & verte.

*Regiſtrées, oui ce requerant le Procureur General du Roy, pour être executées
ſelon leur forme & teneur, ſuivant l'Arrêt de ce jour. A Paris en Parlement, le
onze Janvier mil ſix cens quatre vingt. Signé,* D U N O Y E R.

Collationné, P A Y E N.

V EU par la Cour les Lettres Patentes & Conclusions du Procureur General
du Roy ; Oüi le rapport de M. Jean le Coq, Conſeiller , tout conſideré.
L A C O U R, *attendu le commandement & la volonté dudit Seigneur Roy*, a
ordonné & ordonne que leſdites Lettres en forme d'Edit , ſeront regiſtrées au Greffe
d'icelle, pour être executées ſelon leur forme & teneur. F A I T en Parlement le
11. Janvier 1680. *Signé*, P O I T I E R , L E C O Q D E C O R B E V I L L E.

L E T T R E S

D E L E G I T I M A T I O N

DE L O U I S-A L E X A N D R E D E B O U R B O N, E T D E F R A N Ç O I S E-
M A R I E D E B O U R B O N, avec droit de ſucceſſion reciproque.

EXTRAIT DES ORDONNANCES ROYAUX.

Novembre 1681.

L OUIS PAR LA GRACE DE DIEU, ROY DE FRANCE
E T D E N A V A R R E : A tous preſens & à venir : S A L U T. La tendreſſe
naturelle que Nous avons pour nos Enfans, Nous auroit porté à reconnoître & legitimer nôtre tres-cher & bien amé Louis-Auguſte de Bourbon
Duc du Maine, Louis-Ceſar de Bourbon Comte de Vexin, Louiſe-Françoiſe de
Bourbon & deffunte Louiſe-Marie-Anne de Bourbon, par nos Letres du mois de
Decembre mil ſix cens ſoixante-treize & Janvier mil ſix cens ſoixante-ſeize ; comme
auſſi de leur donner ledit nom de Bourbon, & les rendre capables de ſucceder les uns
aux autres, enſemble leurs Enfans & Deſcendans en legitime mariage, ainſi qu'il eſt
porté par nos Lettres du mois de Janvier mil ſix cens quatre-vingt ; & ayant les mêmes
ſentimens pour Louis-Alexandre & Françoiſe-Marie nos Enfans naturels, Nous
avons bien voulu leur donner de ſemblables marques de nôtre affection : A C E S
C A U S E S, & autres conſiderations à ce nous mouvans, de nôtre grace ſpéciale, pleine
puiſſance & autorité Royale, Nous avons par ces Preſentes ſignées de nôtre main,
déclaré & déclarons ledit Louis-Alexandre, & ladite Françoiſe-Marie, nos Enfans
naturels : Voulons qu'ils ſoient nommez, ſçavoir ledit Fils, Louis-Alexandre de Bourbon, & ladite Fille, Françoiſe-Marie de Bourbon ; & à cet effet Nous les avons legitimez & legitimons, & du titre de legitime, décoré & décorons ; Voulons, ordonnons
& nous plaît, que cy-aprés, tant en Jugement, qu'autrement, & en tous Actes particuliers & publics, ils ſoient tenus, cenſez & réputez, comme Nous les tenons, cen-
ſons & reputons pour legitimes, & qu'à cette fin ils puiſſent & leur ſoit loiſible de
tenir & poſſeder en nôtre Royaume, Païs, Terres & Seigneuries de nôtre obéiſſance,
toutes Charges, Etats, Dignitez, Benefices, & tous & chacuns les biens meubles &
immeubles qu'ils pourront cy-aprés acquerir, & qui leur ſeront donnez ou délaiſſez

par Nous & par tous autres, par Donation, Teſtament, Inſtitution ou autrement ; & d'en diſpoſer en faveur de leurs Heritiers ou autres, en quelque ſorte & maniere que ce ſoit, & generalement joüir de tous tels & ſemblables Droits, Facultez & Privileges dont les Enfans naturels & legitimez des Rois nos Predeceſſeurs, ont accoutumé de joüir dans nôtre Royaume : *Voulons en outre, que ledit Louis-Auguſte de Bourbon Duc du Maine, Louis-Ceſar de Bourbon Comte de Vexin, Louiſe-Françoiſe de Bourbon, ledit Louis-Alexandre de Bourbon & ladite Françoiſe-Marie de Bourbon ſoient capables de ſucceder en tous leurs biens, même ab inteſtat, les uns aux autres, tant pour les biens reçûs & qu'ils recevront de nôtre liberalité, que pour ceux qu'ils pourront acquerir d'ailleurs ; & déclarons leurſdits Enfans & Deſcendans en legitime mariage, capables de ſucceder les uns aux autres ſelon l'ordre des ſucceſſions legitimes, dérogeant à toutes Loix, Ordonnances & Uſages à ce contraire :* SI DONNONS EN MANDEMENT à nos amez & feaux Conſeillers les Gens tenans nôtre Cour de Parlement & Chambre des Comptes à Paris, que ces Preſentes ils ayent à faire enregiſtrer, & du contenu en icelles faire joüir & uſer noſdits Enfans naturels pleinement & paiſiblement ; ceſſant & faiſant ceſſer tous troubles & empêchemens, nonobſtant tous Edits, Ordonnances, Déclarations, Arrêts, Reglemens, Coûtumes, Uſages & autres choſes à ce contraires, auſquels Nous avons dérogé & dérogeons par ces Preſentes : CAR tel eſt nôtre plaiſir. Et afin que ce ſoit choſe ferme & ſtable à toûjours, Nous avons fait mettre nôtre ſcel à ces Preſentes : DONNE' à Saint Germain en Laye, au mois de Novembre, l'an de grace mil ſix cens quatrevingt-un, & de nôtre regne le trente-neuviéme. *Signé,* LOUIS. Sur le repli, par le Roy, COLBERT. Scellées en lacs de ſoye du grand Sceau de cire verte.

Regiſtrées, oüi & ce requerant le Procureur General du Roy, pour joüir par les Impetrans de leur effet & contenu, & être éxecutées ſelon leur forme & teneur, ſuivant l'Arrêt de ce jour. A Paris en Parlement, le vingt-deux Novembre mil ſix cens quatre-vingt-un. Signé, DUNOYER.

Collationné, PAYEN.